大展好書　好書大展
品嘗好書　冠群可期

大展好書　好書大展
品嘗好書　冠群可期

武學釋典 7

# 太極拳的力學原理

蕭 飛 編著

大展出版社有限公司

# 自　序

　　幾乎所有的中國小男孩都有一個俠客夢，我自然也不例外。記得還在上幼稚園的時候，李連杰演的《少林寺》正紅遍中國的大江南北，我也受到它的影響，看完電影沒過幾天，就紮著腰帶，跑到文化宮去學武去了。上小學的時候，一直在看武俠小說，總在夢想有一天能成爲絕世高手，仗劍天涯。初中的時候，被全國忽悠而來的一陣氣功熱、特異功能熱沖昏了頭腦，天天練一些莫名其妙的「氣功」。後來好不容易在走火入魔之前清醒過來，知道那些「氣功」都是騙人的。消停了幾天後，便成天吵著要到少林寺去學功夫。老爸被逼無奈，只好答應我學功夫的要求，幾天之後，便帶我到他的摯友孫天新家裏，正式開始學習傳統功夫，那一年我 14 歲。

　　孫天新是武漢有名的傳統功夫高手，年輕的時候訪遍武漢名家，幾乎沒有失過手。對我則是傾囊相授，像傳統硬氣功、內功打坐、形意拳、八卦掌等，只要我想學，就毫無保留地教我，使我得以窺探傳統功夫之門徑。在我 23 歲的時候，孫天新師父引薦我隨太極拳家孫南馨之徒程建武學習傳統太極拳。程建武師父爲人耿直，一生酷愛武術，跟隨孫南馨學習太極拳十年之久，得以登堂入室。他在教授我及其師兄弟

時都是毫無保留，手把手餵勁，不厭其煩一遍又一遍的演示、講解。在幾年的時間裏，兩位師父不斷和我摸勁，解答疑問，使我終於能夠進入太極拳之門。

回想當初對傳統功夫、太極拳不甚瞭解時，心中充滿各種各樣的問題無法解答。而現在，那些問題都被解答完畢而且幾乎完全被遺忘。有時候看看網上關於各種問題漫無邊際的爭論，周圍練拳者因為一個問題沒有解決而功夫多年沒有進步，看著一些人像當初的我一樣迷茫，總覺得自己應該能做點什麼來改變這個現狀。

在孫南馨師爺的書中有這樣一句話：「中華武術，是我中華民族文化遺產中的瑰寶，過去曾被尊為『國術』。而太極拳則是我中華武術中的瑰寶，寶中之寶。」這表明了太極拳在中華武術中的重要地位。實際上太極拳也是中國拳術發展的最高階段，瞭解了太極拳，也就能站在一個更高的角度去理解中國拳術乃至中華武術。

太極拳主要是研究人的運動狀態，如何穩定自身，如何巧妙用力之類的問題，而這些問題恰好可以用力學的知識來解釋清楚。就太極拳的學習與推廣來說，目前的狀況是：

①懂太極拳的老一輩拳師，對力學沒有太深入的研究。

②對力學有研究的學者，對太極拳又缺乏深入的瞭解。

③傳統的、有技擊能力的太極拳的傳承到現在為止都只在較私人的範圍內進行，其流傳的面不廣，一

般練習太極拳的人很難和真正的傳統太極拳高手有接觸，因為機會太少，所以，很多內容沒有辦法直接體會。

這些就讓太極拳到目前為止都沒有形成一個成文的、系統的、完善的現代理論體系。本書的目的並非是要去建立這樣一個體系，只是希望能往這個目標做一點有益的嘗試，希望以一種更容易理解的方式，讓大家能夠更多地瞭解真正的太極拳的內容，幫助練拳的人少走彎路。本書以科學、理性的觀點，用現代的力學分析方法，幫助大家理解太極拳是如何運作、如何巧妙地運用一些簡單的力學原理，起到良好的技擊效果的。

太極拳在現代人眼中具有兩面性：一方面，很多人認為，太極拳純粹是老年人用來活動筋骨、有助於養生的一種運動，不能用於實戰；另一方面，受到傳統武俠小說的影響，在一些人的心目中以及影視作品中，太極拳又化身成為高深的技擊功夫，是武功的最高境界，有著非常強的技擊能力。以我的角度看來，將這兩種看法有機地融為一體，這才最符合太極拳本身的面貌。

① 養生的功能：這是太極拳與其他拳種最大的區別之一，其他的競技體育運動和拳種雖然也能達到一定的鍛鍊、保健的效果，但是與太極拳相比較，養生的效果遠不如太極拳明顯、顯著。

② 技擊的效果：從太極拳的特點以及現代太極拳各家各流派的發展和演變來看，太極拳本身是一個不斷演變、不斷進化的過程。從現在所知道的最早的陳

式拳，發展到楊、吳、武式等流派，可以看出每一式都比前式有所改進，更偏向於養生的目的，對體力的要求也相應減少，技擊的效率更高。

太極拳和力學的關係是一種自然的聯繫。力學本身的研究對象就是力的相互作用，包括物體的運動。也就是說，世界萬物，小到分子之間，大到銀河、星系之間的作用都可以用力學來解釋，既然如此，那麼人和人之間，搭手、推手、格鬥的運動狀態，他們的作用力，這些都顯而易見地包含在運動的範疇當中，所以也可以用力學來解釋，這是毋庸置疑的。

到目前為止，雖然還沒有辦法用力學知識去精確地解答所有的運動問題，精確地預測所有的運動狀態，但對於太極拳來說，這些運動的某一瞬間的狀態、受力情況、最有可能的運動趨勢，都可以被清楚地分析出來。透過對這些問題的瞭解，可以清楚地知道太極拳的原理，瞭解太極拳能做什麼？不能做什麼？從而真正地理解太極拳。

理解太極拳，學會思考太極拳的相關問題，從而知道我們正確的追求方向，這就是我寫作這本書的目的。雖然書中內容經過再三思慮，但錯誤和疏漏之處在所難免，還望廣大讀者始終保持思辨的觀點自主思考，也請各位讀者、高手不吝指正。

蕭　飛

# 目　錄

**第一章　太極拳概論** ················· 9

　第一節　太極拳的產生和發展 ·········· 12

　第二節　太極拳的組成結構 ············ 17

　第三節　太極拳的本質 ··············· 20

　第四節　如何有效地學習太極拳 ········ 36

**第二章　經典力學基礎知識** ··········· 41

　第一節　物理學的單位 ··············· 41

　第二節　基本力學概念 ··············· 44

　第三節　力與運動 ·················· 50

　第四節　動能和碰撞 ················ 56

　第五節　轉動 ····················· 58

**第三章　太極拳的力學分析** ··········· 63

　第一節　太極拳拳架的基礎分析 ········ 63

　第二節　太極拳拳架實例分析 ········· 108

**第四章　太極推手的力學分析** ········· 143

　第一節　太極推手的實例分析 ········· 143

　第二節　太極推手在自衛防身中的應用 ·· 169

第五章　常見問題解答 …………………………… 183

附錄　推薦閱讀書目及其簡介 ………………… 201

後　記 …………………………………………… 206

太極拳的力學原理

8

# 第一章　太極拳概論

太極拳是中國傳統功夫的一種、三大內家拳之一。其特點是剛柔相濟，借力打人，善於化勁；行拳時動作緩慢，運用時卻快如閃電，一觸即發；太極拳不但有很強的技擊能力，也有很好的養身功效。

現在練太極拳的人非常多，但真正有太極拳技擊功夫的人卻仍然十分稀少。因為太極拳的內容十分豐富，並非只是花幾個月時間，練一兩套拳架就可以完事的。要想把真功夫學到手，需要有高明的師父，聰明的頭腦，協調的身體，合適的成長環境，這些條件缺一不可。正因為如此，太極拳的成才率極低，所謂代不數人，就是說一代人中能練出太極拳功夫的不過就幾個人而已。

太極拳的成才率如此低下的原因除了上述的難點外，還有重要的一點是太極拳理論的描述不夠系統，不易理解（古白話），容易產生歧義。當今較全面、權威的一本關於太極拳理論的書是《太極拳譜》。其中分量最重的「太極拳論」一文的發表已經是三百年前的事情了。作為古典的拳論，寥寥數百字的「太極拳論」提出了太極拳技擊的總體指導思想和基本原則，對於指導習練者學習太極拳起著非常重要的作用。

但是「太極拳論」中的關於太極拳理論的描述散佈於文中，理論部分和動作部分交錯摻雜在一起，文中又經常

省略主語或賓語，這些都增加了理解的難度。對於太極拳已經入門之人，理解「太極拳論」的內容或許都有些大大小小的問題，更不用說初學者了。

另外，在「太極拳論」中找不到具體的技擊技巧和訓練方法，因為這些東西不在「太極拳論」中，只存在於歷代拳師的口傳心授當中。所以說，一個普通的太極拳練習者想通過閱讀古典太極拳理論來練習太極拳，或者說來瞭解一些太極拳的內容，確實是一件非常困難甚至是不可能完成的事情。

普通的太極拳練習者在遇到不明白的問題時，只有通讀太極拳譜，尋找與問題有關聯的章節，然後根據自己對拳譜的理解去一一試驗。如在推手中解決了問題，得到了好處，則認為問題解決，否則只有繼續揣測拳譜的意圖，繼續試驗。有高明師父的練習者就比較幸運，師父會告訴你不能這樣，要那樣如何等等。歸根結底，太極拳的傳統學習方法是從一個一個的實例當中去學習，逐漸知道既定的情況該如何處理。

有師父教的人，在處理完大量的實例後就從「招熟」而「漸至懂勁」，即太極拳入了門，時間大概是三五年的樣子。沒有師父教的人則花費大量的時間嘗試解決方案，可能十年二十年也沒有入門，還在瞎琢磨。

每個學拳的人都要由大量的實例來體會並總結太極拳的理論，這當然需要極其聰明的頭腦和大量的時間，這就是太極拳學習的現狀，也是代不數人的重要原因之一。

其實以現代的觀點來看，太極拳無非是研究一種格鬥的技能，研究有關於兩個人的相互運動和狀態的關係。那麼有沒有一種現代的理論是研究這一「運動」問題的？答

案是肯定的，那就是牛頓經典力學。力學的研究和太極拳的研究有著極為相似的地方：力學是在大量的實踐後總結的關於物體運動規律的數條原則；太極拳是在大量實踐後總結出的若干實例和運用技巧。

力學和太極拳都是大量實踐的產物，力學總結了運動的原理，太極拳則保留了這些運動原理在技擊中的運用實例和實現方法。它們都是對運動的研究，力學研究運動的基本規律，而太極拳則教會我們這些運動規律在格鬥當中的運用。

運用力學原理我們可以很容易地分析並解決在太極拳中遇到的問題，並且無須花費大量的時間去總結太極拳的理論。只要分析一下問題的解決方案是否符合力學原理即可。這樣可以少走彎路，節約時間，而且對太極拳的理解不再是模模糊糊，不再有那麼多的問題無法理解，真正做到知其然更知其所以然。比如：

太極拳能不能打？

太極拳是老年人練比較好嗎？青年人練好不好？

太極拳為什麼要慢慢的練？

為什麼擂臺上看不到太極拳高手？

初學太極，學哪一種太極拳比較好？

什麼是八面支撐？

什麼是斜中寓正？

……

這一系列問題都可以在力學的分析下迎刃而解。太極拳論中的「雖變化萬端，而理唯一貫」，這個「理唯一貫」指的是太極拳理論貫徹於其中，從更深的層次上來講，指的則是力學原理貫徹在太極拳理論當中。

現代人應該有現代的學習太極拳的方法，那就是用力學的原理去分析太極拳，理解太極拳。以實事求是的精神去學習、運用、發展太極拳。

## 第一節　太極拳的產生和發展

　　太極拳是中國武術中眾多拳種之一，是內家拳的一種。千百年來，歷代技擊家對技擊術的不斷完善和發展形成了現在的太極拳。

　　中國的冷兵器時代長達數千年之久，那個年代的人們和技擊術之間的關係極為密切，大到國家戰爭，小到自衛生存，都離不開技擊。正因為技擊術有如此現實的需求，中國武術才得以不斷地發展和進化。作為中國武術之一的太極拳是其中技擊效率最高，技擊能力最強的技擊術之一，它也是中國拳術發展的最高階段。

　　為什麼說太極拳是中國拳術發展的最高階段？我們可以簡單地回顧一下技擊術的產生和發展的歷程。

　　其中一些簡單有效的動作成為格鬥的技能而被傳承下來。人類在漫長的進化中，牙齒和口腔逐漸變小，因此在格鬥中嘴和牙的利用率越來越低。踢、打因為簡單有效，直到現在都是格鬥的主要方式。中國的武術就是在對踢、打的總結中產生的，大量的拳法都是以踢、打作為主要的攻防手段。

　　在踢、打的大量運用後，武術家們發現一個問題，那就是當格鬥雙方的水準相差不大的時候，雙方都不能夠很快地以踢、打來結束戰鬥，而是非常容易相互摟抱在一起，為了應付這種狀況，於是摔跤和擒拿這兩種技能就逐

太極拳的力學原理

12

漸發展起來。到這個時候，中國武術的踢、打、摔、拿四大項目就全面成型，對其中一項有充分研究的武術家就已經可以傲視群雄了。

踢、打、摔、拿這四項技術使中國武術形成了自己的鮮明特色，而且使攻擊和防禦的範圍更加全面。踢和打分別對應遠距離和中距離，摔和拿分別對應於中近距離和近距離。相對於世界上其他的格鬥術，中國武術的攻防範圍和攻防手法是最全面的，遠的打，近的拿，貼身摔。現在的四大名拳少林拳、八卦掌、形意拳、太極拳都包含有這四項技術，只是各有所長而已。

從時間發展上來看，最先產生的少林拳以踢、打見長，之後的太極拳、形意拳和八卦掌改局部發力的擊打方式為整體發力的擊打方式，使得拳頭擊打的攻擊力達到甚至超過腳踢的水準，於是破綻大的腳踢方式逐漸減少，甚至放棄不用。這是中國拳法從外家拳進化到內家拳的一個重大轉折。

太極拳具備了內家拳整體發力的精髓。並且在太極拳進化到楊式以後，太極拳的整體發力逐漸改進為更注重鬆柔的整體發力，進一步地提高了發力的效率，養生的成分也逐漸增加。柔化和發放技術更是成為太極拳的獨特技擊方式。因為對力的理解極為深刻，摔和拿也輕鬆地融入其中。

一個太極拳高手的踢、打、摔、拿四項技術可以與它們中的任何一個專家相抗衡。比如，太極拳可以用踢、打的方式對抗少林拳，可以用摔法與摔跤者過招，可以用拿法與擒拿高手比試。能做到這個地步的也只有太極拳而已，沒有對力的透徹理解和運用，是不可能做到這一點

的。

以前某一門派的練習者，只是瞭解自己本門功夫的特點，對於其他門派的東西則不太清楚。而太極拳的練習者在懂勁之後，就很容易理解其他技擊術的特點，再學什麼都非常快。可以說一看就知道它的優點、缺點、要領在哪裏，有點一通百通的味道，這是太極拳容易做到知己知彼的原因，同時也說明太極拳是在繼承了中國武術的諸多優點的基礎上發展起來的。因為有著這些理由，所以說太極拳是中國拳術發展的最高階段。

隨著冷兵器時代的結束，技擊殺敵的徒手格鬥術對人們已經沒有太大的使用價值，因此，一部分拳術必然會消亡。在人類社會和平發展的大環境下，技擊術的殺敵作用已經被體育競技、興趣愛好、強身健體等等其他的功能所取代。太極拳則因為其特殊的技擊特點和養生效果變得更加廣為流傳。

太極拳創始之初至今，真正瞭解太極拳的人極為稀少。在清朝末年楊露禪進京之前，太極拳幾乎只在陳家門內傳播，那時聽說過太極拳的人都不多。楊露禪先後在陳家隨陳長興習拳 18 年，技成之後到北京授拳，因武藝高強打敗眾多高手而被稱為「楊無敵」。在那以後，許多王公大臣、貝勒貴族都隨其學拳。因為這些貴族們身體素質比較差且不耐勞苦，於是楊露禪便將陳式太極拳中的一些複雜、難度高、消耗體能大的動作改為簡單、容易做到且不太累的動作，後來慢慢定型為楊式太極拳。在這之後，太極拳才逐漸在北京、天津流傳開來。

在陳式、楊式太極拳的基礎上後來又發展出了武式太極拳、吳式太極拳，在武式太極拳的基礎上後來又演變出

孫式太極拳。陳、楊、武、吳、孫五式太極拳在全國流傳最廣，由此被稱為當今的太極拳五大家，也是現在所有太極拳流派的淵源。

中華人民共和國成立之後，國家大力推廣體育運動，練習太極拳的人也越來越多。經常可以在公園裏、社區的綠地見到一些上了年紀的人在打太極拳。太極拳似乎已經演變成一種健身術，只適合上了年紀的老年人鍛鍊身體。

實際上這是一種誤解，因為太極拳本質上是一種技擊術，它創立的初衷是為了提高技擊的效率，如何有效打擊，如何省力。隨著太極拳自身的進化，逐漸發現「放鬆」是最好的提高效率的方法。於是便在如何放鬆上精雕細鑿，要求極其嚴格。巧合的是「放鬆」對於人體的健康有莫大的好處。行拳時，因為放鬆的原因，呼吸變得緩慢而深長，氧氣的吸收量因此增大，血液中的含氧量也增加，有更多的營養成分滋潤身體。

平常身體的某些緊張部分消耗了過多的養分，導致一些毛細血管供血不足，這時也因為放鬆的原因降低了消耗，使身體更多地方的毛細血管得到了充分的營養補給；大腦和神經系統也在這個既放鬆又運動的過程中得到極好的調整。所以一套拳打完，人會感覺身體舒適，四肢溫暖，頭腦清醒，和好好睡了一覺的感覺相同。唯一不同的是，這是一邊睡覺一邊運動，並且沒有平常那種運動後的疲勞感。這是放鬆給身體帶來的好處，至於放鬆帶給技擊的好處，在看完整本書之後相信您會有所瞭解。

究竟是誰創造了太極拳？這個問題一直有不小的爭論。大概有以下三種說法：①元末明初的張三豐所創；②明末清初陳王廷所創；③中國武術的自然進化逐漸演變而

來。究竟是哪一種，至今還沒有定論。

筆者個人認為，從太極拳的特點來看，太極拳應該不是由某一個人所創造的，太極拳應該是武術自然進化的集體結晶，是眾多武術家不斷改進、不斷研究的成果。因為推手訓練是不可能由一個人完成的，沒有推手的檢驗，拳架的正確性是無法得到驗證的，不知道拳架正確與否，又如何定型拳架？又如何總結太極拳的理論？沒有理論，沒有拳架，沒有檢驗，又怎麼能夠去創拳？當然，這終究是個歷史問題，應該交給歷史學家去討論。

現僅根據不同門派太極拳的特點和一些史料記載，至少太極拳在創立之後的發展線索是可以大致確定如下的：

① 太極拳從王宗岳傳至蔣發，再由蔣發傳到河南溫縣陳家溝陳氏，於是有了陳式太極拳。

② 後來楊露禪跟隨陳家陳長興學拳，以後創立了楊式太極拳。

③ 武禹襄先後從學於楊露禪和陳清平，遂定型成武式太極拳。

④ 楊露禪後來教了滿族人吳全佑，全佑之子吳鑒泉定型了吳式太極拳。

⑤ 孫祿堂從學於武式傳人郝為真，創立了孫式太極拳。

由此可見，當今流傳甚廣的傳統太極拳基本上都是由陳式太極拳發展和演變而來。另外，國家體委為了推廣太極拳，在楊式太極拳的基礎上，採納了其他派別的一些特色動作並加以改編，編製了 24 式、48 式等一系列簡化太極拳。因為簡單易學且由官方推廣，學練的人數也很多。

本書所提到的太極拳特指陳、楊、武、吳、孫這幾種

一直在民間廣為流傳的傳統太極拳。

太極拳發展線索圖：

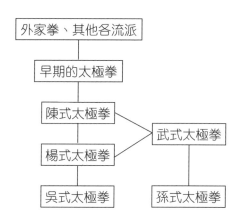

## 第二節　太極拳的組成結構

太極拳所包含的內容並非只有幾套太極拳架那麼簡單。一般說來，它或多或少地包括以下幾項或全部內容：拳架、推手、散手、單操、站樁、體能與功力。

### 一、拳　架

拳架練的是知己功夫，是太極拳的根本，拳架的練習從最初級的入門階段一直貫穿到「階及神明」的最高級階段。各派的技術風格，主導思想都會在拳架中表現出來。

比如陳式太極拳善打，善拿，進攻性強，利用自身的強大功力打擊對方。由此拳中多含有打擊、騰跳動作，身架低，有很強的進攻意識。看起來虎虎生風，與外家拳比較接近，行拳的速度較快，一套慢架子打下來也不過 10 分

鐘左右，一般不超過 20 分鐘。

　　楊式拳架大方舒展，善發放，即化即發，乾淨俐落。吳式拳架重柔化，講究化得一乾二淨，再行發放。因此，楊、吳兩家拳架攻擊意識隱含於內，行拳緩慢，要求用心體察自身和周圍的變化，以把握全局。看起來不如陳式拳有氣勢，如同半夢半醒之間，柔弱無力。打一套拳需要至少30分鐘，有的甚至 1 小時都不止。

　　拳架的學習根據不同的師承而不盡相同。有的是先教一整套架子再慢慢糾正，有的是一式一式地教，老師覺得過關了再教下一式。不管是哪一種方法，學習時間都不會少於一年，因為要把拳架學得基本過關，一年的時間是必須的。根據我的體會，少於一年就能過關的概率不大於萬分之一（不要妄想能夠速成，學太極拳的沒有誰能速成，三五個星期或三五個月連門都摸不到，這很正常。也不要覺得一年太漫長，其實時間過得很快，我們都上過小學，有誰會覺得小學一年級的時間很漫長？其實學太極拳也一樣，不要著急，按部就班地學習和練習，慢慢的你就知道什麼是太極拳了）。

## 二、推　手

　　當拳架有一定的基礎後就可以同時進行推手的練習了。推手是在有一定知己功夫的基礎上進一步地練習聽勁和知彼的功夫，同時對拳架中所學的內容做出檢驗。

　　推手包括定步推手和活步推手。先練定步單推，然後是雙推，再是四正推手。然後是活步的進三退三、九宮步、大捋等等。當這些都比較熟練之後才能進入散手的階段。

推手必須以拳架為基礎，兩者相互補充，只練推手必然對拳理缺乏理解，功夫終究難以到達上乘的境界。

## 三、散　手

在推手基本功大致過關後可逐漸進行散手的訓練。所謂散手，就是在保持粘連的基礎上雙方自由進攻，沒有招式限制，以打動對方並保持自身穩定為目地。散手最基本的規則是保持上肢的粘連狀態並不得使用打擊手法。

陳、楊、武、吳四家對具體的細節有不同的理解。楊、吳兩家比較注重柔化和發放，禁止主動打擊、反關節擒拿、抱摔、下腳絆子以及一系列易於傷人的典型外家招法。而陳、武兩家則對以上限制放得比較寬鬆，有的人甚至有很強的擊打意向。這就導致了散手規則的不統一，以至於練不同派別的太極拳練家之間無法很好地進行交流切磋，這也是一些名家只和門內的人搭手而不輕易和外人搭手的原因。

## 四、單　操

單操顧名思義就是單獨重複地操練某個特定的太極拳動作或攻防招式。在對一個動作進行單操的時候，因為重點突出，反覆進行，所以比較容易掌握要領並形成正確的動力定型。

## 五、站　樁

從外表來看，站樁就是站著不動。但意念要指導身體逐步放鬆，並把身體的位置擺放好，呼吸要自然順暢。太極拳中的每個定式都可以單獨站樁。一般站得多的是無極

椿。傳統的說法是站樁可以提高功力，而且有很好的養生功效。站樁一定要保持身體鬆正自然，心神寧靜。如果站得身體僵硬，意念全無或者心神不寧，這種站樁稱為死樁，對身體有害無益，不如不站。

## 六、體能和功力

體能和功力訓練各家有各家的練法，如站樁、抖大杆、滾太極球、打坐、軟硬氣功等等，方法較多且都是比較機密的東西，這裏也沒有辦法多講。俗話說「練拳不練功，到老一場空」，可見功力訓練是相當重要的。傳統的練家子，至少得掌握其中的一到兩種，只有招法和技術，在與人對陣的時候難免會有些心虛。

另外，現代體育中的一些體能訓練方法也可以作為很好的補充訓練手段，只是要根據具體的要求做一些改進，使它們更加適合太極拳的需求。

除了以上的內容外，太極拳的體系中還包括一些刀、槍、劍、棍等套路，但因為這些兵器可以視為手的延伸，並且器械均以拳為基礎，理解了拳的內容也就能理解器械的內容，所以本書只討論拳的內容，而不涉及器械。

## 第三節　太極拳的本質

## 一、技擊和養生的巧妙平衡

當今社會對於太極拳的看法和理解各有不同。有的人認為太極拳是一種技擊術，練拳的人就應該上臺打擂，以展示太極拳的強大技擊功能；有的人則認為太極拳是一種

美觀好看、具有健身功效的另類健身操，能不能打根本無所謂；有的人還認為太極拳是一種氣功，一種醫療術，可以治病等等。這些說法各有一定的道理，因為太極拳在上述的種種領域都有或多或少的運用，但這些說法都不太全面，有的還有些偏激。對太極拳的理解應該從太極拳的本質、功能、效果綜合起來看。

首先，**太極拳是一種技擊術，太極拳的核心功能是技擊**。

太極拳本就是中國拳術的一種，而且是中國拳術進化的最高級階段，它保持了中國拳術的技擊精髓，並對技擊技術和技擊方式做了革命性的改進。另外，太極拳的名聲是打出來的，不是吹出來的。因此太極拳必定能打，而且能打得比較高級。不能打的必定不是真正的太極拳。

其次，**太極拳有一定的養生功效**。

太極拳的養生功效來自於對身體嚴格的放鬆要求和精神的調節作用。太極拳要求用意不用力是出於技擊的需要，用意就是說要聚精會神，不用力則要求身體放鬆。不知道創拳者在創造太極拳的時候是否考慮到了太極拳的養生需求，但這些放鬆身體和調節心神的要求正好把人的身心做了很好的調整，具有消除疲勞，休養身體，提高身體機能的作用。特別是對於一些慢性病恢復、亞健康狀態的改善等都有比較好的效果。

所以，太極拳的技擊功能和養生功效是太極拳本質的兩個方面，練習者可以有選擇地注重其中某一方面的發展，但它們應該同時存在，僅僅只有技擊或僅僅只有養生的太極拳是不完整的。這種不完整性會降低太極拳的技擊能力，也會降低它的養生效果。這就是太極拳的本質。如

果背離了這個原則，那太極拳就變味了，就會逐漸變成其他的東西而喪失其本來面目。

比如，放棄太極拳的養生作用而僅僅追求太極拳的技擊。那麼一味追求技擊必然有驗證之心，有驗證之心必然有交手之舉，有交手之舉必然有求勝之心，有求勝之心必然有打人之意，有打人之意則有主觀打人的念頭，有主觀打人的念頭則違反太極拳的捨己從人、後發先至的原則。具體的表現是攻擊意圖被暴露在外，令對手容易洞察而躲避。身體無法保持鬆弛狀態，無法爆發出強大的力量，導致攻擊力下降。

如此狀態，根本發揮不出應有的實力。而且，交手過多必有失手之時，無論傷人傷己都對自己身心不利，到頭來技擊的功夫進步有限，身心的健康也受到了損害，這是自尋煩惱，不是太極拳練習者應有的追求。

太極拳的核心作用是技擊，太極拳是能打，但太極拳絕不輕易言打。所謂殺敵一千自損八百，這種事情能不做的話還是盡量避免的好。

再比如，放棄太極拳的技擊功能只追求太極拳的養生效果。這樣做不是不可以。只是僅僅打拳，做做太極操，將無法做到真正的身體鬆弛，意識集中，其養生效果會打個折扣。而且，因為缺少推手的訓練和檢驗，在拳架中所犯的錯誤將無法及時發現和改正，以錯誤的方法去練拳，不但起不到好的效果，還有可能對身體產生有害的影響，比如出現關節疼痛，頭暈目眩等等症狀。

還有一點無法回避的是，如果太極拳只是用來養生，那麼，它同那些舞蹈、健身操、瑜伽、氣功、體育運動之間又有什麼根本性的區別？僅僅是外在的動作不同嗎？不

能打的太極拳還能叫做拳嗎？

太極拳是技擊和養生的巧妙平衡，太極拳作為一種拳術，本身有極強的技擊功能，同時也兼顧了極好的養生效果。

一方面，太極拳的技擊能力可以與世界上任何一種技擊術相抗衡。而且在練習的過程當中，對身體造成的運動傷害非常小，甚至可以完全避免。有很多練太極拳的人在上了年紀後依然身體健康，運動自如，頭腦清醒，精神飽滿。相對於那些練外家拳、拳擊、泰拳的人來說，練太極拳的人身體的傷病更少，更健康。往往越練得鬆柔的人，越少打架的人，身體就越好。

另一方面，太極拳的養生效果絲毫不比其他的運動差，像慢跑、游泳、球類運動、瑜伽等等。而且太極拳在修養身心的同時可以鍛鍊出強悍的技擊能力，這是世界上任何一種健身術都不能與之相比的。

太極拳不僅適用於老年人也適用於青年人，既能用於技擊也能用於養生。所謂「文以強身，武以禦敵」。

最後，從根本上來說，太極拳的技擊能力來自於鬆，養生功效亦來自於鬆。沒有鬆就沒有太極拳的技擊，沒有鬆就沒有太極拳的養生。一味追求技擊則無法鬆得透徹，太極拳的功夫到達不了高級的境界；一味追求養生則無法真正掌握放鬆的要領，無法取得理想的養生效果。這就是為什麼太極拳要兼顧養生和技擊的原因。

## 二、太極拳技擊能力的驗證

在練習了一段時間的太極拳後，肯定有檢驗自己功夫的想法，這是很自然的事情。

可以很容易地想到，檢驗技擊能力最好、最直接的方法是在實戰中驗證。在完全沒有規則限制的情況下雙方放手一搏，為生存而戰。但是，請注意，這只是理想中的方法，在現實的文明社會中則完全行不通。因為沒有人可以接受這種傷亡風險巨大的後果。出於對社會治安的考慮，法律也不允許這種驗證方法的實行。所以從這個意義上來說，檢驗技擊能力的最好方法已經被否決。

我們需要清楚地知道，拋開這個最直接、最有效的方法後，除此之外的其他任何檢驗方法都是間接的、不完善的和有局限性的。

就拿散打來舉例，經常會有人說，你太極拳能打的話幹嗎不上拳台拿個冠軍證明一下？這話好像是很有道理，但實際上是不太瞭解內情的人才會這麼說。如果我反問：你散打能打幹嗎不去把拳擊幹掉？幹嗎不去把泰拳幹掉？幹嗎不去把跆拳道幹掉？幹嗎不去把相撲幹掉？你聽了可能會笑，這些個東西相差太遠了吧？是呀，因為規則有差異，所以它們沒辦法放在一起比較。

上面已經講過，最利於驗證太極拳的無限制格鬥方式已經是不可行的，因此拿任何其他的項目來驗證太極拳的技擊能力都是不合適的。

另外，以上這些都是體育運動項目，一要保證運動員不至於受到太大的身體傷害，因此限制擊打部位，戴上拳套以減小攻擊力；二要保證一定的比賽進行時間，過早地結束比賽顯然會降低對觀眾的吸引力，儘管速戰速決是真實格鬥的最佳解決方案。

限制擊打部位會形成很壞的格鬥習慣，有一次筆者看到擂臺上的散打運動員叉開著雙腿把襠部直接暴露給對

手，結果被對手無意間踢到，立刻在臺上打滾。這還是對手一不小心踢到的，如果故意要打這裏那還不知道是什麼結果。

也許你說那是在拳台才會把限制擊打部位暴露給對手，如果是真實的格鬥人家也會防範的。可是筆者要提醒一下，在訓練與比賽的時候都沒有養成正確的保護習慣的話，以後想再做保護動作是會力不從心的。

戴上拳套減小攻擊力的方法對於延長比賽時間，增加比賽精彩程度，保護運動員身體不受傷害而言是有效的，但對於發展真正的格鬥技能來說卻是有不利影響的。手指的活動能力被限制，無法完全施展擒拿、摔跤等其他的技術。攻擊力的減小使得體格和體能在格鬥中的地位越來越重要，有時候體格和體能就決定了一場比賽的勝負。而真正的格鬥，往往是幾秒鐘就勝負已分，一般情況下，體格和體能並不是勝負的決定性因素。

對太極拳技擊能力的證明不能放在與這些體育項目的比較上進行。太極拳是真正的技擊，而真實意義上的格鬥又是不可行的。所以現在唯一可行並且正確的辦法是在太極推手當中去檢驗。

太極推手也叫太極拳散手，它是太極拳的特殊訓練方法之一，實際上它是對實戰的一種模擬，實戰技術的 80% 都可以在推手中訓練出來，而且基本上不會存在運動傷害。只要訓練得當，師父指導有方，幾乎可以在零損傷的情況下安全地訓練出絕大部分實戰技能。這是太極推手的最大優點。

太極推手的缺點是（如果一定要說它有缺點的話），作為一種實戰的模擬，作為訓練手段的太極推手無法完全

直接地反映練習者的實戰能力，因為從模擬轉換到實戰，其中有轉換效率的差別。

有的人高一些，有的人低一些，我們無法確定某個個體的情況。只能這樣說，經過一段時間太極推手訓練的人，其實戰能力通常要比沒有經過訓練的普通人高很多。這就像是在訓練一個士兵，我們教會他所有的單兵作戰技能，儘管他沒有打過一場真實的仗，儘管他的作戰能力和經驗可能和久經沙場的老兵還有不小差距，可是他一定比一個什麼都不懂的普通人要優秀得多，經過一段時間的實戰洗禮，他會很快地成熟起來。

需要注意的是，沒有哪個國家會出於鍛鍊士兵的目地而把他們的戰士送上戰場，因為那樣做得不償失。同樣的，僅僅為了提高太極拳的實戰能力，就冒著傷亡的風險去製造一場真實的搏鬥，或上擂臺廝打，同樣是得不償失。遺憾的是，一直有人這麼想。雖然他們中的絕大多數都不瞭解太極拳，他們既沒有性命相搏的經歷，也沒有上過擂臺的經歷。有句老話說「黃鶴樓上看翻船」，那個在長江中冒著生命危險劈波斬浪的船夫，他的心情怎麼會和黃鶴樓上的看客一樣呢？

關於太極推手。這裏說的太極推手指的是傳統的以檢驗太極拳功夫的掌握程度而進行的推手訓練，不是指作為體育項目之一的太極推手競技比賽。這是兩個不同的概念。

傳統的太極推手要求雙方在訓練中找出自己以及對方的錯誤和不完善之處，而後改掉毛病，提高修為。而競技推手則只強調勝負、只看結果，常常用強大的體能和力量做後盾，以大力和速度彌補自身的不足，欺負弱小對手。

勝利後只看到自身的強大卻發現不了自己的不足，所以功夫無法長進。失利的一方則明顯感到體能與力量的重要，於是在體能和力量上關注過多，技術上則無法靜心思考。

另外，太極推手訓練的是知己知彼的功夫，要求在聽勁明確的情況下後發制人，而競技推手卻鼓勵在聽勁不清的情況下盲目主動進攻，這就完全違背了太極拳的根本原理。為什麼競技太極推手現在搞得既不像摔跤，也不像拳擊；既不像散打，也不像太極，所謂「四不像」，實在是因為對太極推手的本意沒有深刻理解的原因。

或許可以這樣理解競技太極推手，出於對太極拳的推廣目的，必須要把傳統的太極推手包裝成一種競技體育運動，而不得不做出讓步，在保留了部分太極拳內容的同時也去掉了一部分太極拳的精華，這就是競技太極推手。

競技太極推手可以作為大家關注和接近太極拳的一個橋樑，只是我們不能在橋上停留一輩子，畢竟前方的風景更加精彩。

## 三、太極拳行拳走架的要領

太極拳行拳走架是很講究的，大到對整體的身法，小到對手指的動作，都有嚴格的要求。這些只有在學拳的過程中由師父邊講解邊示範，學拳後由師父不斷改錯，最後才能逐漸達到要求。下面僅僅籠統地談談行拳走架中必須注意的三個要點。

①中正安舒是習拳首先要注意的問題，有了中正，太極拳的大方向就對了，即便練不出功夫，練不出健康，至少練拳不會對人體有害了。如果在中正的基礎上能做到安

舒，則養生的效果多少就有些了。

②周身鬆整一家是更高一步的要求，能做到周身一家，則拳中有了內容，整勁就有了，有了整勁也就有了一些技擊的資本。如果能漸漸做到鬆整一家，則整勁的品質就逐漸在提高了。

③勁起於腳，一身備五弓，是在整勁的基礎上練習發勁的方法，如果能做到的話，那麼，能整，能發，能鬆，則太極拳的大部分內容就差不多齊全了。這個時候，太極拳的養生和技擊功夫就可以同時得到發展了。

### （一）中正安舒

「中正」是對形體的要求，可以分別從頭頸、胸背、腰胯、手臂、腿腳部分來理解。

對頭頸部位來說，要求是「虛領頂勁」，說的是頭部擺正，頸部自然豎直，下頜微收（一般來說，人的下頜會有一點點習慣性的外揚）。因為頭部的重量被頸部骨骼均勻分擔，肌肉處於放鬆狀態，所以會覺得頭部幾乎沒有重量，就像是懸掛在頸部一樣，所以也叫「頂頭懸」。

對胸背部位來說，要求是「含胸拔背」。要注意的是「含胸」僅僅指不要挺胸，「拔背」指的是背不能駝，故意把胸部吸住內含或故意挺直腰背都是不對的。人體在保持正直的情況下，儘量放鬆，深吸一口氣，再吐出，此時胸背部肌肉處於放鬆狀態，上身重量被骨骼均勻分擔，這就叫「含胸拔背」。

對腰胯來說，要求是「鬆腰坐胯」。「鬆腰」指腰部的肌肉要充分放鬆，上身的重量均勻傳導給胯部。「坐胯」指人體正面的大腿與身體的交界部位不能用力頂出，

無論是直立還是做各種馬步、弓步、虛步等，這個部位的感覺都應該和坐下的時候一樣，所以叫「坐胯」。

對手臂的要求是「沉肩墜肘」。「沉肩」指的是肩膀自然鬆沉，不要有意識地向下按，而是肩膀受到地球引力自然垂下。「墜肘」也是一樣的要求。把身體擺正，呼口氣，肩膀和手臂一鬆，像沒有了一樣，把握住這種感覺行拳走架就行了。

對腿腳的要求是儘量放鬆肌肉，把身體的重量通過腿骨均勻地傳導到腳底。身體的重心垂線擺放在兩腳圍成的範圍內，做馬步、弓步等動作時，膝蓋的垂線不能超過腳尖。

「安舒」指的是動作要舒展，儘量把關節、肌肉、筋骨舒展開來；心情要寧靜祥和，打拳的時候要把意念放在如何放鬆、動作如何做到位這些方面上。如果精神不集中，腦子裏想一些雜七雜八的東西，心裏總惦記著什麼，這個時候最好不要打拳。這種只有形體動作而沒有意念的拳架叫空架子，基本沒什麼用處。

## （二）周身鬆整一家

周身一家指的是人體四肢和身體運動的協調配合。它的作用是使發力的合力增大，力的傳導效率提高。拳論中說的裏外三合，其中外三合「手與足合，肘與膝合，肩與胯合」講的就是周身一家的配合問題。周身一家必須在拳架的練習中慢慢體會，由師父逐步試力，調校。自己也要在練拳和推手中多思考，多體會最合理的拳架和動作，逐步把握規律，形成正確的動力定型。

### （三）勁起於腳，一身備五弓

太極拳譜中武禹襄《十三勢說略》講到：「其根在腳，發於腿，主宰於腰，形於手指。由腳而腿，而腰，總須完整一氣……」說的就是人體在發力的時候，應該用腿部發力蹬地，然後反作用力從腳底反射出來，由腳、腿、腰、手臂的傳導，作用於手指上的接觸部位。

通常大家在負載較大的時候都能下意識地運用腿部的力量，比如在推一輛熄火的汽車的時候。而在負載較小的時候僅僅使用手臂的力量，如拿一個茶杯。

勁起於腳要求在空手打拳的時候，有意識地使用腳腿的力量，以形成依靠腳腿力量的正確動力定型和快速的條件反射，哪怕是負載很小的情況。

一身備五弓是指在練習拳架的時候，同時進行發勁的練習。大概做法是每當定式的時候，兩手弓、兩腿弓及身弓，這五弓同時有隱藏於內的張彈發放動作，詳細情況請參考本書後面「太極拳的發放術」一段文字。

## 四、太極拳的技擊原則

「斯技旁門甚多，雖勢有區別，概不外壯欺弱，慢讓快耳！有力打無力，手慢讓手快，是皆先天自然之能，非關學力而有為也！察四兩撥千斤之句，顯非力勝；觀耄耋能禦眾之形，快何能為？」

上面這一段文字來自王宗岳的《太極拳論》，它說明了太極拳與其他技擊法最為明顯的技擊區別，把它具體化之後，就體現在下面的三條原則上。

## （一）整體對抗局部

太極拳本身就是在外家拳之後發展起來的內家拳的一種，那麼它也繼承了外家拳的「以大打小，以強打弱，以快打慢」的基本技擊原則。只是這種技擊原則在太極拳中得到了完善和改進，在這種速度、力量、強與弱的對抗當中，太極拳透過自身的全身整體協調發力，來對抗局部肌肉的發力，從而避免了直接的局部肌肉對抗，使人體的協調性參與到發力的過程中，提高了所發力量的大小。腰腿以及胸臂的合力通常都要比它們中單獨某個部位的力量大得多，這個道理是淺顯明瞭的。

俗話說「有力走中間，無力踩兩邊」，這句話不但對外家拳有用，對八卦掌有用，對太極拳同樣有用。太極拳以整體發力的方法來取得力量對抗中的相對優勢，這是內家拳所共有的鮮明特點。

## （二）輕靈對抗整體

上面說了太極拳要以整體對抗局部，可是如果雙方都是整體發力，那麼，雙方都應該避免整體的直接對抗，應以靈敏的聽勁、輕靈的身法尋找合適的戰機，以柔化、引勁落空的方式借力打人。

那種以身體優勢為基礎，強行衝擊對方的霸王硬上弓的做法是不可取的。

## （三）實事求是，客觀冷靜，應用相對優勢

太極拳也被稱為「神拳」，其意之一是說太極拳用「神意」打人；其意之二是說太極拳神秘莫測，變化多

端，打人於不知不覺之中，令人難以防備。以上兩層含義都跟太極拳的善變有關。

太極拳善於變化，而這種變化是對應於對手的技擊意圖的，所以太極拳的高手總能找到對手的弱點而擊之。這就是拳論上說的「因敵變化示神奇」。

要做到「因敵變化示神奇」，就必須要保持客觀冷靜的頭腦，要實事求是地判斷對手的攻防意圖，再根據對手的實際行動，相應地做出正確合理的攻防行為。這裏說的實事求是，是指交手的時候，自己的頭腦中不能去主觀猜測對手可能做什麼動作，自己再做何種動作去應對。而是要完全依靠觀察和聽勁，在對手一舉動、一變化的瞬間真實地瞭解對手的意圖和行為，然後自己再做出合理的應對。相反，如果在動手之前，自己的腦海中就有了如何出招、如何防禦的主觀念頭，則自己的動作固然流暢，但思維卻極僵硬，無法做到隨機應變；只要對方有一個變化是自己沒想到的，立刻就會陷於被動挨打的地步。所以練太極拳的人不能有主觀打人的思想，只需要保持客觀冷靜，自己不忙亂出錯，對手自然會犯錯而露出破綻。

所以，有很多太極拳高手都強調：不要有打人的念頭，只需要自身立於不敗之地，不犯錯誤，對手自然而然會送上門來給你打。這種想打人打不到，不想打人對手卻送上門來的觀點，縱覽天下武林，恐怕也只有太極拳才有。

每個人都是不同的，所以每個人都有相應的優點和缺點。體型大的人力氣大，攻擊力可能會強一些，但靈活性通常會差一些；而個頭小的人力氣小，動作卻敏捷一些。有的人善攻，有的人善守，有的人善打，有的人善化，有

的人善拿，有的人善摔。這些都是個人的絕對優勢。

在雙方對抗的時候，必須客觀地分析自己和對方的優缺點，然後利用自己相對於對方的優勢，而不是一成不變地依靠自己的絕對優勢。

比如，你自己的優勢是擒拿，對方的優勢是柔化，那麼這個時候就不能強行用擒拿的手法同對方過招，因為柔化是可以克制擒拿的。用摔、打等其他方法去試探，找到對方的弱點，即便摔和打不是自己的特長，但只要能克制對方的短處就行，這就叫應用相對優勢。

## 五、太極拳的總體指導思想

「太極者，無極而生，動靜之機，陰陽之母也。動之則分，靜之則合。」

上句為王宗岳的《太極拳論》開篇之句，提出了無極和太極的概念，意思是太極由無極狀態產生，是處於動與靜之間的一種臨界狀態。陰陽則由太極而生，即有太極就有陰陽，就有矛盾的存在。陰陽一動就分而為太極，陰陽一靜就合而為無極。這是太極拳的哲學思想。就如同太極圖所描繪的陰陽魚圖形，畫得雖比較抽象，但簡單理解起來就是四個字——陰陽平衡。

陰陽平衡涉及到中國傳統文化和哲學的問題，要把它說清楚，說不定要寫出幾萬字的論文才行。況且關於文化和哲學，正所謂仁者見仁、智者見智，實在是不太容易說得清楚。但對於太極拳而言，陰陽平衡說明了太極拳的主導思想，從養生到技擊，這種思想可以指導我們去理解和思考太極拳。

無極圖，陰混
沌未分的狀態

太極圖，由無極
態分為陰陽

太極圖，圖中兩點強調
陰中有陽，陽中有陰

圖1　無極圖、太極圖

　　更有意思的是，這種陰陽平衡的思想和物理中的能量守恆結合起來的話，可以解決很多我們所遇到的太極拳相關問題。（圖1）

　　陰陽平衡告訴我們這些練太極拳的人，練拳的目的是為了取得一種勢態的平衡。從養生的方面來講，它告訴我們要動靜結合，文武雙修，這樣才能取得生理上的平衡，擁有健康的體魄。從技擊的角度來說，我們練拳不是為了追求絕對的暴力，不是要用暴力去征服對方。我們要做的是追求一種平衡：我不弱於對手，對手必然就不敢輕易侵犯我。我不去欺凌弱小，弱小自然就不會費盡心思與我為敵，找我的麻煩。大家和睦相處，共同發展，不去刻意地打破這種平衡，大家就都有很好的收益。

　　具體的來講，比如兩人對陣的時候，練太極拳的人一定要記住陰陽平衡的根本，守住自己的平衡勢態。當兩人都不動手的時候（靜之則合），可認為兩人組成了一幅無極圖，每個人都處於無極的狀態（沒有陰陽變化的狀態），所以，兩人組成的一個系統可認為是平衡的（無極態）。如果其中一人突然出招，不管是用什麼招式，此人的狀態由無極轉為太極，即從沒有陰陽的狀態轉變為有陰

陽變化的狀態。

那麼有了陰陽變化，就必然有強勢的一面和弱勢的一面（猶如陰陽魚一頭大一頭小的圖形）。此時，另一方要做的事情就是立刻也從無極狀態變為太極狀態（無極圖轉為太極圖），以合理的防守化解對方進攻的同時，自己的注意力盯住對方弱的那一方面，即刻或隨後展開反擊。由這樣的行動，與對方的陰陽變化相合。

如果雙方攻防都合情合理，那麼此時雙方就會像太極圖中的陰陽魚一樣互相追逐遊動，保持住一個動態的、整體的平衡（太極態）。

如果在這個過程當中，其中有一人不考慮客觀事實，不考慮對手的功夫高低，企圖用自己身體的優勢、力量或速度，強行發招，在不該出手的時候出手，在該防守的時候硬要進攻，在不能發力的情況下強行發力，則必然會暴露出更大的破綻，使對手有機可乘。此時，自身的陰陽平衡被破壞，對手只需抓住漏洞順勢一擊，則敗局已定，難以挽回（太極態被破壞）。

這就是為什麼太極拳不主張有打人的意識，不主動打人，不主動傷人，不欺壓弱小的思想根源。太極拳打人的效果是由維持陰陽平衡（不打人）的意識得來的。打人是因為對手犯了錯誤，破壞了陰陽平衡的原則，而我只是為了合住陰陽，為了保持平衡而出手而已。所以，通常來說，太極拳的練家不太會輕易傷人，而且功夫越深的人修養越好，越不容易與人起紛爭，外表愈顯斯文柔弱，心氣愈發溫和。因為這種原因，導致某些人總認為太極拳沒什麼用，總認為要動真格的打個頭破血流才是真功夫。

對此，筆者也只能抿嘴一笑而已，正所謂「道不遠

人，而人自遠道！」

## 第四節　如何有效地學習太極拳

「……由招熟而漸悟懂勁，由懂勁而階及神明。然非用力之久，不能豁然貫通焉！……」

「……須知陰陽：粘即是走，走即是粘；陰不離陽，陽不離陰；陰陽相濟，方為懂勁。懂勁後愈練愈精，默識揣摩，漸至從心所欲。本是捨己從人，多誤捨近求遠。所謂差之毫釐，謬之千里，學者不可不詳辨焉！是為論。」

上面選段出自王宗岳的《太極拳論》，大意是：「……由對招式的熟悉逐漸到懂得勁路的變化（即懂勁），再從懂勁的階段逐漸達到神明的境界。必須經過長期的努力用功，否則便不能領悟其中的道理……」「……必須瞭解陰陽：粘黏，走化，形式不同而內涵一致，陰、陽不可分離，且相互支持相互轉化。懂得這些道理才叫懂勁，懂勁之後練一天就有一天的進步，只要心中仔細思考揣摩，就能漸漸達到從心所欲的境界。本來就是捨己從人這麼簡單的道理，卻被大多數人誤解，放著眼前明白的道理視而不見，卻捨近求遠去追求所謂的高論。哪怕是剛開始的一點點偏差，也能造成結果的巨大差異，這其中的道理學習者一定要仔細辨識！」

從這兩段可以看出，太極拳功夫大體上可分為三個階段，先是招熟，而後是懂勁，最後是神明。實際上絕大多數太極拳練家是以此為指導目標的。

## 一、太極拳的學習特點

學練容易，但見效慢；投入少，但回報高，且收益穩定。

太極拳的學練門檻比較低，一般人都可以練習，對身體素質的要求並不高，能走路就能練拳。太極拳的養生效果不是立竿見影的，往往要在掌握了拳架的要領後，效果才會越來越明顯。對於一般的養生和兼顧技擊的要求，三天打魚兩天曬網的練法就夠了。

當然，如果需要保持一定水準的技擊能力，或者因為對健康的需求，要保持良好的身體免疫能力，則應該每天都堅持練拳，必定會有很好的效果。

當進入懂勁的階段後，自己就可以隨意調配養生和技擊的練習比例。另外，即使長時間不練習，所學過的內容也不會輕易忘記，這一點就像學會騎自行車一樣。

用三五年的業餘時間輕鬆自在地學習太極拳，掌握一種享用一生的養生術和一種一輩子都不會忘記的防身禦敵的本領，這應該是一項回報率非常高的投資。

## 二、系統化地學習太極拳

太極拳包括拳架、推手、功力體能等一系列的內容，並非只是幾套姿勢不同的拳架而已。所以在學習的時候要循序漸進地學練以上的內容，可以先學習一套拳架來熟悉太極拳，然後，慢慢地逐漸去理解一招一式其內在的意義，明白其中的道理。

在拳架比較熟悉，能做到周身一家的情況下，就可以開始練習推手。同樣地從單推手開始，循序漸進，從定步

到活步，再到散手。

推手的訓練是對拳架的校驗，推手中的毛病一定也是拳架中的毛病。所以，推手中一發現問題就應該在練拳的時候注意並改正。如此這般，拳架和推手同時進行，幾年的時間就可以由招熟而漸至懂勁，進入到太極拳的自由自在之境界。

## 三、學習太極拳要注意的問題

### （一）單純練習太極拳的效果最好

學習太極拳的同時最好不要練習其他的拳種，因為太極拳的作用原理與其他拳種不一樣，如果在懂勁前混合練習，可能會影響對太極拳的掌握，不容易形成正確的動力定型。最好只練太極拳，到了懂勁之後再根據個人的喜好決定是否練習其他的拳種。

一般來說，在到達懂勁階段後，都不會再去練習其他的拳法了（除非有特別的需求），因為太極拳簡捷而高效，養生的效果極好，從技擊和養生的綜合效果而言，實在找不出來比它更好的了。近代一些有名的太極拳家在練太極拳之前常常是其他門派的高手，在練太極拳以後都只練太極拳了，這應該是很能說明問題的。

### （二）懂勁前，不要練肌肉

在懂勁之前，不要進行健身之類的肌肉力量訓練。因為太極拳的發力方法和健身訓練的用力方法完全不同，兩者同時練習的話，會互相干擾，無法形成正確的動力定型。在懂勁之後，自己就知道該練什麼，怎麼去練了，到

時候自己會做出正確的選擇。

### （三）太極拳以練起來舒服為原則

現代人練習太極拳多半不是為了去爭奪天下第一的頭銜，也不是要報殺父之仇（現在可不是武俠小說中的俠客時代）。僅僅為了強身健體、防身自衛，那麼輕輕鬆鬆地練習太極拳就可以達到這個目的了。完全沒必要花費大量的精力和時間去下所謂的苦工夫。只要經常打打拳，多動動腦子，多思考太極拳的問題，適當地練練推手，在快樂中學習太極拳就能收到很好的效果。

另外，太極拳是一種高效的技擊術，它用聰明的辦法去借力打人，所以太極拳打起人來是比較輕鬆的。那麼，在練習的過程中，太極拳也是一種找舒服的拳，它要求練習的時候身體的感覺是舒服的，頭腦是清醒的。不需要下苦功去痛苦地堅持，那樣，往往意味著姿勢不對或沒有走對路子。

在練習的時候，如果覺得身體不適，或者頭腦裏有不想練習的念頭，那就不要勉強練了。從長久的利益來考慮，自然而然地舒舒服服地練習是最好的。

### （四）太極拳重內不重外，拳架只是表現形式

太極拳是重內不重外的功夫，看重的是對拳理的理解，練就的是高效省力的攻防技術。至於外在的動作，只是各種不同的表現形式而已，是從屬的地位，所以外在的表現形式並不是最重要的東西。

清楚這些內容的人，一舉手一投足都符合太極拳理，都符合力學原理。而空有拳架的人，用的雖然是太極拳的

招數，可內在無法做到符合太極拳理和力學原理的隨機應變，空有其表而起不到實際的作用。在公園有很多練習太極拳的中老年人，有的會一套或幾套拳架，有的練了十幾年的拳，但卻沒有一點技擊防身的功夫，這都說明僅僅練習拳架是遠遠不夠的，一定要在拳架中加入內容，一定要在練習拳架的同時進行推手的訓練。

所以，練太極拳只要練的不是空架子，拳中有內容，每一動都符合太極拳理和力學原理，學哪一套拳架其實都無所謂。即便是打少林拳，或者用拳擊的動作，只要內在的東西做到位了，也會有太極拳的韻味。

# 第二章　經典力學基礎知識

　　對於練太極拳的人來說，並不需要非常高深的物理學知識，但是，如果有一定的力學知識的話，會加深對太極拳的理解，練習的進展會很快，而且對於一些問題會有正確的思考能力。

　　下面介紹了一些與太極拳有關聯的基本力學知識，主要起到一個參考和回顧的作用，瞭解了下面的力學內容，對於分析太極拳的問題大概就夠用了。如果讀者有興趣的話，更詳細的內容請參考其他物理書籍。

　　在閱讀下面的內容時，有些地方不太懂也沒有關係，只管繼續看下去，以後想看的時候再回頭繼續研究，看得多了，自然而然也就容易理解了。

## 第一節　物理學的單位

　　物理學是自然科學的一個分支，它最初的作用是對自然界中所發生的現象作出解釋。比如，天上的星星為什麼會眨眼睛？為什麼會颳風下雨？為什麼木塊可以浮在水面上而鐵塊不行？等等一系列的問題。經過人們反覆地觀察、思考、試驗和驗證，一些物理定律便被總結出來。物理定律通常是用數學式表示出來而不是語言。

　　因為數字比語言更簡潔精確，不會產生歧義，可以進

行複雜的計算。在配上物理單位後我們可以很精確地描述一件事物並理解它。

物理的基本單位只有三個，它們是：長度單位——公尺，時間單位——秒，質量單位——公斤。我們只需要知道這幾個基本的就行了，因為其他的單位都可以用它們推導出來。

## 一、長度單位——公尺（m）

大家對於長度單位「公尺」是很熟悉的，比如這個人有多高，1.72 公尺。從學校到車站的距離，200 公尺。大家都知道說的是什麼意思而不至於誤解。現在只需要把公尺和這個字母 m 聯繫起來，記住：公尺＝m 就行了，因為以後在使用的時候 m 更方便簡潔。

## 二、時間單位——秒（S）

通常我們把一天分為 24 個小時，然後每小時分成 60 分鐘，每分鐘再分成 60 秒，這 60 秒中的一個就是物理的基本時間單位秒。

我們所需要知道的是：秒是描述時間的長度單位，它可以告訴我們一件事情在「什麼時刻發生，它持續了多長時間」。同樣要記住：秒＝S。

## 三、質量單位——公斤（kg）

關於質量（kg）在這裏不得不多做些解釋。一般說來，「質量」很容易和我們日常生活中的一個單位「重量」相混淆，但實際上它們是不同的物理量。

重量是物體受到地球重力影響的大小。

地球重力指的是地球對在其表面附近物體的吸引力。

質量是物體本身的一種屬性，由其自身的組織成分所決定。

比如一個鐵塊質量為 30 公斤（kg），那麼，它所受到的地球引力（也就是重力 P）有多大呢？根據牛頓第二定律：

$F = ma$

$P = ma_g$

$a_g$ 取值 9.8（m／s²）

$p = 30 \times 9.8$

$p = 294$（N）

在地球上我們一般說它的重量為 30 公斤，指的其實是這個重力 p 的值，即 294 牛頓。

如果把這個鐵塊放到月球上，它本身的結構和成分沒有改變，所以它的質量也沒有改變；但因為月球的引力小於地球的，所以在月球上它受到的重力值改變了：

$F = ma$

$P = ma_g$

因為月球重力為地球重力的 1／6，所以 $a_g$ 取值 9.8÷6＝1.6（m／s²）

$p = 30 \times 1.6$

$p = 48$（N）

因此鐵塊變輕了，我們在月球上拿起它會比在地球上要輕鬆許多。

明白了質量和重量的區別帶給我們的好處是：提醒我們記得地球上的物體時時刻刻都在受到地球吸引力的影響，這是我們以力學觀點來理解太極拳的基礎。

# 第二節　基本力學概念

## 一、絕對運動和相對靜止

我們生活在一個永恆運動的世界，世界上所有的物體都處在絕對的運動狀態。如江河奔流、車水馬龍，天體運行。即便是看上去靜止的物體，如高山、大樓、街道，似乎靜止不動，它們卻隨著地球一起轉動，而地球又繞著太陽運動，整個太陽系又繞著銀河系中心運動。

知道絕對運動後我們可以瞭解到，當我們說某個物體是靜止時，指的是這個物體相對於其他指定物體的相對靜止狀態。比如停在街道上的汽車，汽車其實和地球一起做著圍繞太陽的運動，但相對於街道它是靜止的，這樣我們就可以運用一些物理定律來對它做出分析。在物理學中，我們把街道這樣的參考物體叫做參考系，在描述物體運動時一定要指明運動是相對於哪個參考系。

## 二、坐標系

如果我們把圖 2 中的街道從起點開始每隔一公尺標上數字，那麼這條街道就成為一條一維的坐標系，由讀出街道上的數字，我們可以比較精確地確定汽車的位置。在圖 2 中，車的位置是處於 X 軸上的 2 到 3 之間。

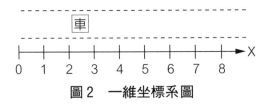

**圖2　一維坐標系圖**

如果街道很寬廣，我們可以在街道的兩條相鄰的邊上標注出數字，這樣不管汽車在哪裏，我們都可以由讀出相應的數字來精確定位汽車。在圖 3 中，車的位置是處於 X 軸上的 3 到 4 之間，Y 軸的 2 到 3 之間。

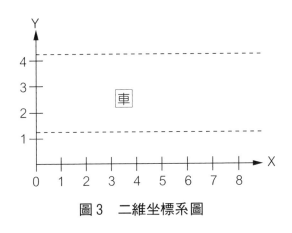

圖 3　二維坐標系圖

想像一下，未來有一天汽車可以飄浮在空中，那麼我們還需要在天空中也豎立一個坐標，這樣我們就可以在三維的空間準確地定位汽車了。我們把這樣的坐標系叫做直角坐標系。（圖 4）

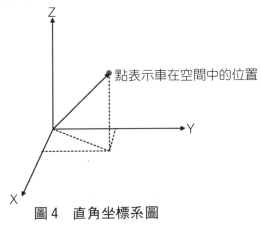

圖 4　直角坐標系圖

## 三、質　點

如果汽車從 A 點開到 B 點，我們怎樣來描述這樣的運動呢?考慮到車在開動的時候車輪在滾動，車廂在晃動，整車在向前平移，因此要完全描述這樣的運動是很困難的。這時我們只需要抓住重點，對整車的平移作描述，把車看成一個抽象的點，不考慮車的大小形態、車輪滾動等等細節。這種不計算物體大小形狀，同時具有該物體全部質量的點叫做質點。

質點這種理想化的模型是很好用的，在不考慮物體轉動的情況下，把物體想像成質點可以簡化問題，突出重點。在作受力分析的時候，物體任何部位受力和質點受力所產生的效果可以認為是一樣的。

## 四、位置向量

向量就是同時有大小還有方向的量。比如一輛行使的汽車速度是 60 公里／小時，只知道這輛車正在運動，但它是離我們而去還是正向我們開來卻不得而知。於是我們定義以我們站立的地方為原點，右手邊為正向，左手邊為反向，就可以用 +60 或 −30 這樣的表示方法，來同時說明汽車的運動速度和方向了。

在直角坐標系的基礎上加上 i，j，k 分別表示沿 X，Y，Z 軸正方向，於是直角坐標可以精確表示質點的位置數值和方向，這就是位置向量，位置向量由符號 r 表示。（圖 5）

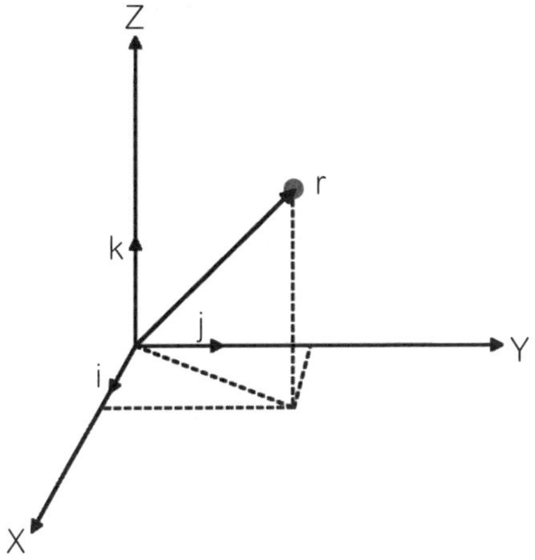

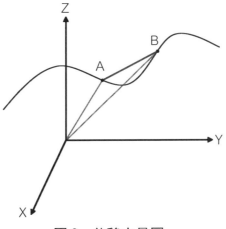

Z

r

k

j

Y

i

X

圖 5　直角坐標系向量圖

## 五、位移向量

在瞭解位置向量後，我們可以談談位移向量了，位移向量用符號△r 來表示。△這個符號讀作 delta，表示物理量的變化或增量。如圖 6：

Z

B

A

Y

X

圖 6　位移向量圖

在一個直角坐標系中，一個質點從 A 點運動到 B 點，經過一條彎曲的路徑，我們把質點實際經過的路徑叫做路程。從 A 點直接指向 B 點的直線距離叫做位移。路程是一個標量，只有大小，位移既有大小也有方向。位移 Δr ＝位置向量 A－位置向量 B。用 t 表示時間，A 點用位置向量 r（t）表示，那麼有以下的關係：

AB＝Δr＝位向 B－位向 A＝r（t+Δt）－r（t）

位移 Δr 表示了質點從位置 A 移動到位置 B 這段時間間隔內的位置變化。它只反映總的位置變動效果，並不代表質點實際走過的路程。

## 六、平均速度和瞬時速度

對於一個運動的物體，我們通常用速度的大小來說明它運動的快慢程度。我們知道，平均速度＝距離／時間，換句話說，一質點在 Δt 時間間隔內移動的位移是 Δr，則它的平均速度 v 為：

$$平均速度 = \frac{位移}{時間間隔}$$

$$v = \frac{\Delta r}{\Delta t}$$

由以上公式，我們能知道質點的平均速度，但不知道某一時刻質點的確切狀態。比如一輛車從 A 點開到 B 點用了 200 秒，位移是 4000 公尺，那麼，可以算出車的平均速度為 20 公尺／秒。如果要問車在第 3 秒的速度或第 5 秒的速度，那就無法得知了。這時我們要用一下微積分的思想，想想看，如果我們把「時間間隔」設得非常短，比如 1 秒，再求出它在 1 秒內的平均速度，那就近似於知道它

在 1 秒內的速度了。於是就有了下面瞬時速度的概念。

先給出瞬時速度的物理定義：$\vec{v} = \dfrac{d\vec{r}}{dt}$

數學上的意義指位置向量 r 對時間 t 的一階導數，物理意義指：速度等於位置向量 r 隨時間 t 的變化率。

大家不要被公式所嚇倒，其實這個公式非常簡潔漂亮，看熟了後會覺得它比文字更好理解。先看等號左邊的 $\vec{v}$，v 代表速度，上面的橫槓表示這個物理量是向量。再看右邊，上邊有個 $\vec{r}$，表示位置向量，下邊的 t 表示時間。它們被分號隔開，上下兩個 d 告訴我們不是用 r 除以 t，而是求 r 對 t 的導數；或者說 r 隨著時間 t 變化的大小。

上面說了這麼多，如果能弄懂最好，不太懂的話也沒有關係，重要的是要知道，我們講的速度是一個有大小和方向的向量，通常說的速度指的是暫態的速度，它與位移的大小和時間間隔的大小有關。位移一定的情況下，時間間隔越小，速度值越大。時間間隔一定的情況下，位移越大，速度值越大。

## 七、加速度

當一質點的速度改變的時候，我們說質點具有加速度，加速度用字母 a 表示。

先看加速度的物理定義：$\vec{a} = \dfrac{d\vec{v}}{dt}$

它表示加速度就是速度對時間的變化率。

這個公式告訴我們：加速度 a 與速度 v 對時間 t 的變化率有關。單位時間速度的改變量大，則加速度大；速度改變量一定的情況下，所用時間越少，則加速度越大。

在本書當中，我們以地面任一固定物體為參考物，所說的運動和速度都是相對於靜止不動的固定參考物而言。

## 第三節　力與運動

### 一、慣　性

慣性是物體保持其原有狀態的趨勢，原來靜止的物體保持靜止狀態不變，原來運動的物體保持其運動的速率和方向不變（即保持速度向量 v 不變）。我們可以用質量來衡量慣性的大小。

看完以上描述，我們想像一下這個場景：

在運動場地上有一個處於靜止狀態的足球，根據上面所講的，它是靜止的，所以它的趨勢是保持靜止的狀態不變。如果我們想讓它動起來，最好的方法是踢它一腳，當然也可以等等看有沒有吹來一陣風可以吹動它。不管是踢它還是風去吹，我們都需要去接觸它，也就是要有另外的物體去作用於它（腳或者風）。這種物體間的相互作用，在物理學上叫做力。

**力的概念：力是物體間的一種相互作用。**

以後在談論到力的時候，希望大家能想到這個概念，而不是其他。

好，我們繼續上面的場景，假設球被我們一腳踢飛，之後球回落到地面，在滾動一陣後它會停下來。之前說過，運動的物體具有保持運動速度不變的慣性，那麼，它怎麼會停下來呢？我們仔細看看球從踢出到靜止不動的過程：

① 腳踢球。球受到腳的作用，即受到腳給它的力，從而球從靜止狀態轉變成運動狀態。

② 球在空中，受到地球吸引力而落地。

③ 球在地面滾動，不斷跟地面摩擦，即受到地面的阻力，從而逐漸停止滾動，直到最後靜止。

在球的靜止——運動——靜止的過程中，一直有另外的力作用於它，所以球的狀態一直在改變。如果地球不具備吸引力，在②中的球將不會落地，在③中，如果沒有地面給球的摩擦阻力，那麼球會一直滾動下去。憑藉日常經驗可以知道，球在冰面上一定會比草地上滾得遠很多，這是因為冰面的摩擦力遠遠小於草地的摩擦力。

## 二、牛頓第一定律

把上面的情況總結一下，可以很自然地導出牛頓第一定律，即慣性定律：

任何物體都保持靜止或勻速直線運動狀態，除非它受到作用力而被迫改變這種狀態。

物體運動狀態的改變實際上是物體速度（速率或方向）的改變，物體速度的改變就表示物體獲得了加速度，加速度的獲得表示物體一定受到某種力的作用。這是加速度和力之間的一種關係。

另外要說明的是，力是一個向量單位，它有大小，有方向，在確定一個力時，必須指出力的大小、方向和它作用在物體上的著力點，即力的作用點，這三點是力的三要素，缺一不可。

在力學中，力用 F 表示，單位用 N 表示，讀作牛（因為力這個東西就是牛頓研究出來的嘛）。

## 三、牛頓第二定律

現在回到上面所舉球的例子中，如果我們以同樣的力量去踢兩個質量相差一倍的球，很明顯，質量小的球會飛得更高，滾的距離也更遠。這表明物體在受到相同作用力的情況下，因為質量的不同而受到不同的影響。

把上面所講的全部內容，透過實驗和觀察後可概括為如下的簡潔表述。

牛頓第二定律：作用於物體上的合力等於物體的質量與它的加速度的乘積。

用方程的形式表示：$\vec{F} = m\vec{a}$

$\vec{F}$ 表示力，因為這個力是有方向的，所以是向量，在 F 上面加一槓來表示。

m 表示質量，$\vec{a}$ 表示加速度，也是有方向的，所以也是向量。

在知道物體運動狀態的情況下，我們可以由這個公式來計算物體的受力大小，或者是知道物體的受力大小，來計算物體的運動狀態。如果要求不是那麼嚴格，就不需要去計算，只需大概地估計一下，就能瞭解物體受力後的運動趨勢；或者我們需要讓某個靜止的物體運動起來，想瞭解大概要用多大的力，以及力的方向，用這個公式估算一下也是很方便的。

## 四、牛頓第三定律

我們知道力的作用是相互的，因此當一物體 a 對另一物體 b 有作用力時，a 同時會受到大小相等、方向相反的反作用力。

還是用上面的球做例子，當我們用腳踢球的時候，一定會感覺到球對腳的壓力，這種壓力的大小與我們施加在球上力的大小成正比。想想看，如果把皮球換成鐵球，這種感覺一定會更加明顯。

　　既然提到了皮球和鐵球，您一定會想到踢鐵球的腳會更疼一些，這是因為不同的材質造成的反衝力的大小有異，以後會講到這其中的區別。現在只需要知道，對於同樣的材質而言，反作用力的大小一定與作用力相等且方向相反。

　　這裏問一個問題：拿一個雞蛋去碰一個石頭，請問雞蛋和石頭所受到的力一樣大嗎？

　　根據牛頓第三定律，雞蛋和石頭所受的力必定是一樣大的。就算雞蛋破了，而石頭沒破。這個結果只能說明雞蛋和石頭的堅固程度不同，當它們受到同樣大小的力的時候，這個力足以破壞雞蛋的結構，而不足以破壞石頭的結構。

　　在推手的時候，一方把另一方推出數公尺遠，而自己紋絲不動。請問他們兩者所受到的力一樣大嗎？

　　根據牛頓第三定律，他們受到的力必定是一樣大的。雖然在受力後兩者表現出不同的運動狀態（一個運動，一個靜止），但他們所受到推力的大小確實是相同的。出現運動狀態的差別，是因為他們功夫有高低，用力的技巧不同而已（這導致每個人所受的合外力不同），這其中的具體內容將在後面的章節做講解。

　　反作用力是極其重要的概念，因為任意兩個物體在相互作用的時候，反作用力都會出現。在太極拳當中，反作用力隨處可見，由增加或消除反作用力的影響效果，太極

拳才能有如此神奇的變化。

## 五、幾種常見的力

### （一）引　力

引力是指任何物體都有吸引其他物體的能力，我們通常把它叫做「萬有引力」。我們知道蘋果落地是因為地球對它的吸引，實際上如果你站在蘋果樹旁，你也會對蘋果有吸引力（蘋果對你也有），只是這種吸引力太小，還不到一粒灰塵的重量，所以，蘋果還是被地球吸走而不是飛到你的身上。

在地球上，引力也就是重力，任何人、任何物體時刻都受到重力的影響。比如你手上托一個磚塊，為了保持磚塊靜止不落到地上，就必須利用肌肉給磚塊一個向上的力來平衡重力的影響。假設磚塊受到重力的大小為 10N，那麼，給磚塊向上的力的大小也應該為 10N，因此，磚塊的重量就是 10N。

對於重力，需要牢記的是：我們無法消除重力，除非地球消失。我們唯一能做的是額外提供一個方向相反的力來平衡重力的影響。

### （二）彈　力

當物體相互接觸的時候，它們之間必定有相互的作用。由於物體具有彈性，因此物體的相互作用使得物體產生形變，並且物體的彈性又使它力圖恢復原來的形狀，於是物體對於使它發生形變的接觸物體有力的作用。這種力叫彈性恢復力，簡稱彈力。

任何物體都具有彈性，不只是彈簧有，木頭、鐵塊都有彈性，只是彈性的大小有所區別而已。

當兩個物體受到重力的作用或者是運動碰撞相互擠壓的時候，它們的接觸部位一定會有形變產生，有形變就一定有彈力。當彈力的方向與接觸面垂直的時候，彈性力被稱為正壓力或支援力，用字母 N 表示。

比如兩人相互推擠，在它們的接觸部位一定有正壓力，另外，地面對他們的腳底會產生支持力。在對人做力學分析的時候，一定不能漏掉正壓力和支持力 N。

## （三）摩擦力

兩個互相接觸的物體，當它們要發生或已經發生相對運動的時候，就會在其接觸面上產生一種阻礙相對運動的力，這種力就叫做摩擦力。

摩擦力在生活中隨處可見，汽車必須克服摩擦力才能跑起來，汽車也必須依靠摩擦力才能開動和停止。人體能夠站立、跑動、停止等，都依賴於摩擦力的幫助。

摩擦力分為靜摩擦力和動摩擦力兩種。靜摩擦力在物體具有相對運動趨勢的時候起作用，動摩擦力在物體已經產生相對運動的時候起作用。

比如我們去推地上的一個大木箱，當我們用力推的時候，木箱沒有動，而我們卻用了力。那麼，一定是有某種力平衡了我們施加給木箱的推力，力的大小與我們施加的力相等，方向相反，這個力就是靜摩擦力。

靜摩擦力有一個最大的定值，它由摩擦係數和正壓力決定。當我們施加的力小於這個定值的時候，木箱會一直保持靜止，而且，我們所受到的反作用力的大小隨施加力

的大小一同變化。即施加的力小，反作用力就小，施加的力大，反作用力就大。

當施加的力超過最大靜摩擦力的時候，木箱就會滑動起來，在滑動的過程中，木箱所受到的摩擦阻力就是動摩擦力。一般來說，動摩擦力通常小於靜摩擦力，所以木箱一旦開始滑動，我們就會覺得推起來要省力得多。

下面給出摩擦力的公式：

$f = uN$

$f$ 是摩擦力，u 是摩擦係數，N 是正壓力。由此可以看出，摩擦力的大小只和摩擦係數 u 的大小，以及所受的正壓力 N 的大小有關。

## 第四節 動能和碰撞

### 一、動 能

我們把運動的物體所具有的能量稱之為動能。比如同樣一輛汽車撞擊到行人，當速率為 10 公里／小時的時候和 100 公里／小時的時候，其破壞效果是大不相同的。顯然速率高的時候會造成更大的傷害，因為物體運動得越快動能就越大。同樣是 40 公里／小時的速率，一輛自行車碰撞到行人所產生的傷害顯然要比一輛大卡車產生的傷害要小得多。這是因為在速率相同的情況下，質量越大的物體動能就越大。所以，影響動能大小的關鍵因素是質量 m 和速度 v。

動能的公式如下：

$$k = \frac{1}{2}mv^2$$

k 表示動能，m 表示質量，v 表示速率。

看到這裏，我們應該能理解，為什麼重量級的拳手容易打出力量較大的重拳，而輕中量級的拳手則在發力充分、出拳快速的情況才能打出力量較大的重拳。

## 二、碰　撞

當兩個物體相互猛烈地衝擊在一起的時候，我們把這個過程叫做碰撞。比如你走在路上不小心撞到了其他的行人，或兩個撞球之間的撞擊，還有汽車之間的碰撞等等。碰撞說明兩個物體之間有相向的運動趨勢，它們至少有一個具備動能。碰撞的效果和它們的速度、質量有密切的關係。可以認為動能越大的情況下碰撞就越激烈。

（註：確切地說，研究碰撞問題使用的是另一個物理量「動量」，它與動能既有區別也有聯繫。這裏為了儘量地簡化物理問題，所以不去考慮它們的差別，而僅僅使用了動能的概念，好在這樣做並不會妨礙我們理解碰撞的知識。）

碰撞意味著兩個物體都受到力的作用，我們把這個作用力叫做衝力。這裏，我們關心的是兩個物體在碰撞時所受到衝力的大小，以及影響衝力大小的條件，所以我們直接給出下面的公式：

$$\overline{F} = \frac{mv_2 - mv_1}{t_2 - t_1}$$

其中 $\overline{F}$ 表示物體所受到的平均衝力，m 表示質量，$v_2$ 表示碰撞後的速度，$v_2$ 表示碰撞前的速度，$t_2-t_1$ 表示碰撞過程所用的時間。

在這個公式當中，我們要注意的是 $t_2-t_1$ 這個表示碰撞

過程的時間，因為衝力 $\bar{F}$ 的大小與碰撞作用的時間成反比，當碰撞作用時間越短時，碰撞產生的衝力就越大，而作用時間越長，則衝力就越小。這就是為什麼我們用同樣的力量去踢足球和大石頭，感覺會完全不同的原因。足球的表皮柔軟且形變較大，使得腳與足球的作用時間被延長，從而使衝力變小，因此腳受到的反衝力也變小。而石頭表面堅硬，形變極小，於是衝力增大，導致腳受到較大的反衝力而疼痛。

另外還有一點，這個 $\bar{F}$ 表示的是平均衝力的大小，它與實際碰撞中產生的瞬間衝力的大小有些區別，它只能表示一個平均的值，而實際碰撞當中往往會出現一個非常高的瞬間峰值，這個峰值衝力可能對碰撞的物體產生結構性的破壞，在人體的碰撞當中一定要注意這一點。

## 第五節　轉　動

### 一、 圓周運動

在討論轉動之前，我們先看看質點的圓周運動。

我們用一根繩子拴住一個小球，然後拉住並固定住繩子的另一端，揮舞起來。我們會發現小球以拉住繩子的手為圓心，沿著圓弧做運動。小球的這種運動叫做圓周運動。如果小球的轉動速率是均勻的，每分鐘旋轉固定的圈數，那麼，這就叫做勻速圓周運動，否則就叫變速圓周運動。

在小球做圓周運動的時候，如果我們突然鬆開手，毫無疑問小球和繩索會朝某個方向飛出去，根據觀察，發現

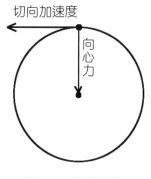

**圖7　圓周運動**

小球總是沿圓周的切線方向飛出，這表明小球的速度方向總是指向切線的方向。（圖7）

把上面說的兩點綜合起來，就是圓周運動的兩個要點：

① 當物體在做圓周運動時，如果向心力突然消失（鬆開手的時候），小球做直線運動。

② 拉力（手拉住繩索，繩索又拉住小球）改變了本來做直線運動的小球，並一直作用在小球上，使小球的運動方向不斷地改變，從而形成圓周運動。我們把這種拉力叫做向心力（指向圓心的力）。

做圓周運動的物體必然有向心力的存在，這種向心力可以是有形的，如上面例子中的繩索，也可以是無形的，如月亮繞著地球旋轉所受到的地球引力。

## 二、剛體的定軸轉動

上面的例子中我們把小球作為一個質點來看，可是在許多現實的例子中，我們必須要考慮轉動物體的大小和形狀，這種情況下就不能再把它看成質點了。為此，我們引入一個新的模型「剛體」。剛體就是僅僅考慮物體的大小

和形狀，而不考慮物體形變的力學模型。比如電扇的轉動、軸承的轉動、汽車輪子的轉動等，都把它們看成剛體來考慮。

所謂「定軸」，是指剛體的轉動圍繞固定的一條軸進行，而不是隨意地旋轉。比如打飛的乒乓球雖然是在轉動，但它沒有沿一固定的軸做轉動，所以我們不能用定軸轉動的規律來考察它。電扇的轉動就是定軸轉動，葉片上的任一點都圍繞著固定軸做圓周運動，而且對於不同的幾個點來說，它們在特定時間內轉動的圈數是一樣的。

以圖8中的圓盤為例，我們選 a、b、c 三個點，當圓盤做勻速轉動的時候，這三個點將沿著圓心做圓周運動，並且它們在同樣的時間轉過同樣的圈數。我們發現這三個點在轉圈的時候通過的路程是不同的，越靠近圓心的點所運動的路程就越短，越靠外邊的點走過的路程就越長，這說明在他們週期一樣的情況下，靠外邊的點具有更大的轉動速度。

由此可以得出一個結論：**當剛體做圓周運動的時候，靠近它邊緣部分的地方，運動速度最快，越往裏邊則越慢。**

這個原則應用到技擊當中，便可以理解，個子大的拳

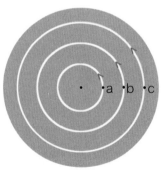

圖8　圓盤上的點

手在打擺拳的時候會比小個子拳手更有威力，因為拳手的轉體速度一定的情況下，手臂越長，拳頭的速度就越快，力量相應也就越大。

太極拳論中說到「立如平準，活似車輪」，指的就是這種剛體的轉動。比如圖 8 中的圓盤，用一根支柱通過圓心支撐，如用力去推動它，則必須用力的方向通過圓心，否則，圓盤邊緣部分受力的話，會產生力臂，也就是圓心到力線 f 的垂直距離。只要有力臂，圓盤就更傾向於做轉動，而不是向後平移。

在推手當中，化勁的運用就如同圓盤一樣。當對方推來的時候，人就像上面的圓盤，引導對方的力從身體的周邊滑過。由於對方的來力沒有通過身體的中心（這個時候是重心的垂線），所以自身很容易保持穩定，同時也不會形成丟、頂的局面。在化勁的同時還可以發勁還擊，因為對方的推力使自己做定軸轉動，那麼在轉動的同時，自身只需要粘住對方的肢體，向轉動的切線方向打出，就可以做到借力打人。

如果把平面的圓盤立起來或傾斜放置，這種轉動的原理與水平放置是一樣的。所以，當圓盤能夠以任何角度旋轉的時候，圓盤就成了圓球。當人體像圓球一樣可以在立體的空間轉動的時候，化勁自然也可以是立體的，而不僅限於平面。

有一點要注意，人體並不是嚴格的剛體，在受力的時候會有局部形變，而且整個身體、四肢、頭部的相對位置隨時都能改變。所以，我們在分析受力的時候，只是在某一瞬間把人體近似為剛體，瞭解其主要的受力效果和運動趨勢就可以了。

# 第三章　太極拳的力學分析

## 第一節　太極拳拳架的基礎分析

太極拳，一名「長拳」，又名「十三勢」。長拳者，如長江大海，滔滔不絕也。十三勢者，分掤、捋、擠、按，採、挒、肘、靠，進、退、顧、盼、定也。掤、捋、擠、按，即坎、離、震、兌，四正方也；採、挒、肘、靠，即乾、坤、艮、巽，四斜角也。此八卦也。進步、退步、左顧、右盼、中定，即金、木、水、火、土也。此五行也。合而言之，曰「十三勢」。

　　上段是王宗岳所著《太極拳釋名》，以此說明太極拳名字的由來。掤、捋、擠、按、採、挒、肘、靠，被稱為八門勁法；進、退、顧、盼、定，則是五種步法或叫身法，它們合起來稱為八門五步。把太極拳中的這些動作與八卦、五行相聯繫起來，是古人為太極拳所找的哲學上的依託。實際上，不明白八卦和五行，並不影響我們去理解和使用太極拳。若硬要從八卦、五行中去尋找太極拳的根源，反而是把簡單的問題複雜化了。

　　就太極拳的八門五步來說，掤、捋、擠、按，採、挒、肘、靠，進、退、顧、盼、定，確實是概括了太極拳

的行拳特點，且掤、捋、擠、按、採、挒、肘、靠這八門勁法，是練習者需要循序漸進的學習內容。而進、退、顧、盼、定的行拳身法（或叫行拳步法）也是很重要的，特別是其中最後一勢「定」，是從練拳的初級階段一直到最高級階段都必須留心注意的。

「定」也叫中定，下面我們看看「中定」如此重要的原因是什麼？

## 一、太極拳的無極式——立身中正與人體平衡

太極拳是對敵搏鬥之術，屬於中國武術的上乘功夫，因其勁道隱藏於內，從外形上不容易看出發力的動作，卻能觸敵而發出丈外，猶如閒庭信步，制敵於無形。因此太極拳被稱之為內家拳。

太極拳的技擊方法與稱之為外家拳的少林功夫和國外所知的種種格鬥法都完全不同，太極拳家在遭受對方襲擊時，絕不採取上架、下擋、左右格打的方式，亦不採取相互頂抗的拼力形式。而是用手輕輕地粘上對方進攻來的肢體，順其方向，引其落空，在對方落空失重的瞬間順勢打出。這便是太極拳與其他格鬥術的根本區別之一——引勁落空，借力打人。

這裏引出太極拳對敵的基本思想——以自身穩定的狀態，引導對方到不穩定的狀態再打之。

請看下面的例子。

對方一拳擊來，此時對方的拳、手臂處於運動狀態，有一定速度和動能。如果此拳擊中目標，則動能轉化為傷害機體的衝力，手臂的運動會在動能完全釋放後最終停止。如果此拳沒有擊中目標而被躲過，則手臂會繼續沿速

度的方向前進，直到手臂受到身體長度限制的拉力而停止運動。如果出拳時的動作太大，會導致運動的動能增加，身體重心垂線可能移出支撐面外，從而需要更大的阻力來讓人體停止運動。從拳擊落空到停止運動的這段時間，就是太極拳的引勁落空，借力打人的時間。可以很容易地看出，此時順運動方向打出，只需要很小的力就能產生很好的效果。

正因為有以上的認識，人體穩定性的研究就成為太極拳極其重要的內容之一。

根據循序漸進的原則，我們先要明白在靜止狀態下的一些相關問題。對太極拳的無極式的分析，或者說對人體站立的力學分析，將會幫助我們清晰地理解這些。

各流派的太極拳都以無極式作為太極拳套路的開始。所謂無極式，就是人體自然站立，雙腳平行分開一肩的距離或腳跟靠近，雙手自然下垂，目視正前方。外形與立正站立類似。（圖9）

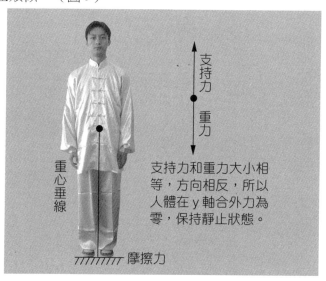

支持力

重力

重心垂線

支持力和重力大小相等，方向相反，所以人體在 y 軸合外力為零，保持靜止狀態。

摩擦力

圖9　無極式

先做受力分析：①人受到重力的作用。②地面對人的支援力。③地面和腳的摩擦力。

人體重心的垂線在兩腳圍成的面積之間，這是人體保持平衡的最重要的條件。因為一旦人體重心垂線落到兩腳圍成的面積之外，就會受到重力的作用向地面運動，同時因為失去腳腿的支持而無法恢復到平衡狀態。兩腳圍成的面積起到支撐人體的作用，所以也叫做支撐面。

當人體雙腿直立時，重心垂線一定在兩腳圍成的支撐面內；當人體單腿站立時，重心垂線一定在支撐腳所圍的面積之內；當人體用四肢爬行時，則重心垂線一定在與地面相接觸的肢體部分所圍成的面積之內。

支撐面和重心是人體保持平衡的重要因素。支撐面越大，人體就越容易保持穩定，也就是穩度越大。重心越低，越靠近支撐面，穩度也就越大。重心垂線在支撐面上的落點越靠近支撐面的中心，穩度越大。

有些時候，當重心垂線沒有直接落在支撐腳上的時候，人體還需要腳底與地面之間的摩擦力來保持重心垂線的穩定。

把以上所說概括起來講就是，保持人體平衡的最好方法是讓人體重心的垂線保持在腳底的支撐面內（腳所圍成的面積），並且儘量靠近支撐面的中心位置。

太極十三勢中的最後一勢「中定」說的就是這個意思。由此可以看出太極拳從一開始就鍛鍊人控制重心的能力，整個行拳過程中重心始終保持在支撐面內，經過一段時間的練習，人會自覺地形成讓重心不出身體之外的習慣，並且人對自身的控制能力會得到增強。所以，有報導說老年人練習太極拳後會減小跌倒的機率，這當然不是信

口胡謅的。

　　增大腳所圍成的面積是保持人體平衡的最好方法之一，所以陳式太極拳通常採取比較低的身架，同時兩腳分得比較開，這就是陳式太極拳傾向於低架的原因之一。需要注意的是，兩腳拉得太開，人是更穩定了，但移動轉換的速度就會變慢，招式的變化就沒有那麼快了，所以太極拳並非是架子拉得越低越好，在穩定與變化當中需要取得一個合理的平衡才行。

　　知道了人保持平衡的條件後再談論如何打人是不是就太簡單了，只要讓平衡條件不成立就可以了，這裏就不多費筆墨了。

　　下面我們來看看武林中的一則逸事，它與剛剛討論的人體重心有關。

　　據說有一次孫祿堂先生在上海參加一次武林會議，在座的有數百位武林人士。大家都想見識孫先生的輕功絕技，孫先生因為推託不過，就表演了一個輕功入門動作，並說這個是輕功基礎，練會了這個動作，飛簷走壁就是很容易的事情了。

　　這個動作看起來很簡單，就是走到牆邊，用右腳和右肩貼住牆，然後左腿抬起在空中十幾秒鐘後再還原。據說當場的所有人，包括杜心武、劉百川、尚雲祥、薛顛、楊少侯、楊澄甫、李景林等當時的大名家都沒有能做出這個動作。

　　大多數人因為孫先生做了這個動作就認為他是中國功夫最高的人，而其他的名家心中恐怕更多的是不服氣，只是事實擺在眼前，不得不低頭罷了。這個故事來源於互聯網，它是否真實？現在恐怕無法驗證，我們關心的是這個

動作成立的可能性和條件，下面用力學的知識來分析一下
這個動作。

先看無極式這張圖片，從正面來看，正常站立的人體
是一個沿中軸對稱的圖形，所以，人體的重心在中軸線
上，具體位置大概在腹部周圍。當人體張開雙腿站立的時
候，重心就落在中軸線上，所以人體容易保持平衡。

再來看圖10單腿獨立這張圖片，人體要單腿獨立的時
候，就必須把重心的垂線放到獨立的支撐腿上，由支撐腿
完全承擔身體的重量，另外一條腿才能抬起。

而當一個人的右腳和右肩同時靠牆的時候，因為牆體
的阻擋，人體的重心垂線無法完全擺放到右腿上，所以左
腿必然無法抬起。

重心垂線

圖10　單腿獨立

（註：這張圖看起來可能有些奇怪，因為左腳下的板凳被處理掉
了。事實上，沒有人能完成這個動作）

原理我們已經知道了，那麼孫祿堂先生是如何做到的？

　　可能做到的方式有兩種：①改變人體重心的位置；②藉由外力來平衡掉重力的影響。

　　先說第一種方法，人體重心的位置是可以改變的，只需要改變身體或四肢的相對位置，擺成不同的形態，重心的位置就會隨之而改變。比如體操運動員在跳馬落地後，經常會利用手臂、頭或腿的彎曲及擺動來維持身體的平衡。

　　孫先生如果要由改變重心的位置來完成這一動作，也只能利用這個方法而已。但我們知道，當一個人的右腳和右肩都靠牆的時候，右邊的身體運動空間被牆壁所限制，而身體左邊無論做什麼動作都無助於身體重心移向右腿。因此，在這個特定的姿勢下，重心的垂線還是在兩腿之間，所以左腿仍然不可能抬起。

　　再看第二種方法，如果我們在頭頂吊一條繩索並用手拉住，這時重心的垂線還是在兩腿中間，其中一部分的重量由右腿承擔，另外一部分重量由手對繩索的拉力平衡，所以左腿可認為沒有受到重力影響，因此左腿可以抬起。如果不利用繩索，而另外叫人施加一個由左肩指向牆壁的水平力，利用其產生的向上的摩擦力同樣可以平衡掉重力的影響，這個動作也可以完成。

　　有解釋說孫先生能完成這個動作的原因，可能是功夫練到極高的階段，所以產生了人體生物磁場，從而抵消了重力的影響（用的是第二種方法，只是改用磁力來提供這個外部支援力）。這種說法好像很有道理，但是，到目前為止，沒有任何理論或行為可以證明人體的生物磁場強大到能抵消自身重力的程度。我們所知道的事實是，沒有人

可以僅僅由意識的控制或人體生物磁場的運用，去撿起地上一根小小的繡花針。

很多故事都在傳播的過程中喪失了它的本來面目，被人們添油加醋地重新描繪。為了尋找真相，我們更應該保持清醒的頭腦，帶著懷疑的眼光去思考問題，始終把握實事求是的態度。把一個普通的武術家說成了神仙，把一種實實在在的武術搞成了巫術，除了滿足某些人的癮症之外，只怕再沒有什麼實際的用途了。

## 二、太極拳內勁的根源——支持力和摩擦力

關於太極拳技擊很多人並不瞭解，只知道它是一種以弱勝強的功夫。對於其中的以慢打快、借力打人的特點只是有所耳聞。在為數眾多的習拳者當中，只有極少數人有幸接觸到些能借力打人的傳統太極拳高手。

我在學拳之初，與師父搭手時往往糊裏糊塗地就被打出數公尺之外。只覺得師父力大無比，自己再怎麼用力頂也是一樣被打得老遠。因此心裏就在想，為什麼師父的力量如此之大，這種力量又是從何而來？傳統的練家子把這種超出常人的力量稱之為內力。難道真的有內力嗎？如果有的話，內力的本質又是什麼？

以上問題想用簡單的一句話作出解釋是比較困難的，因此，下面由一個實例來說明這個內力的本質——即支持力和摩擦力所起到的作用。

A和B兩人用同樣的動作相互頂住。假設不產生轉動。單獨看A：可以分析出A受到重力P，地面支援力N，B對A的推力F和腳與地面的摩擦力f共四個力的作用。如果此時A保持靜止狀態，則可以推定A所受的合外力為零。即

圖11 支持力和摩擦力

P 和 N 大小相等，方向相反，力在 y 軸（縱向）方向視為被抵消；推力 F 和摩擦力 f 也是大小相等，方向相反，因此力在 x 軸（橫軸）方向視為被抵消。（圖11）

　　由以上分析可知，推力 F 和摩擦力 f 的大小決定了 A 的運動狀態。哪一個力大，A 就會向哪個力的方向運動。

　　被人打出老遠說明對方所獲得的摩擦力遠遠大於自己所獲得的摩擦力。拳論中講的勁起於腳，說的就是這個意思。

　　現在我們知道，把人看成質點模型時（不考慮轉動），雙方摩擦力大小的對比決定了雙方的運動狀態。但人體不是一個標準的質點模型，推力的作用點和摩擦力的作用點不在同一個位置，因此，在推力從手傳導到腳底的時候，力通過的路徑不同就會造成不一樣的影響效果。

　　支持力的方向是豎直向上的，如果對方的推力是水平

方向，那麼支持力與推力的夾角是 90°，支持力既不會阻礙推力也不會與推力疊加，可以認為它們之間沒有什麼關係。但如果人體能擺放成一定的傾斜角度，比如與地面成 60° 夾角，那麼，腳底的摩擦力和身體的支持力的合力就會以這個角度傳導到推力的作用部位，推力的一部分分力就會形成對骨骼的壓力，它們方向相反，所以支援力和摩擦力的合力會抵消掉部分推力。這個時候，骨骼就起到了傳導支持力和摩擦力的作用。

正因為這個原因，太極拳非常強調拳架的架構，以最大限度地利用支持力和摩擦力。這實際上就是借用了肌肉力量之外的其他力，是借力打人的一種。

這種支持力和摩擦力的合力有一個最大的特點，就是肌肉的作用是為了保持合理的受力結構，而不是作為與對方力量對抗的主要工具。並且，這種合力的大小會隨對方所施加力的大小不同而相應變化。給人的印象就是，在一個太極拳的高手面前，無論你如何推他，無論你如何隨時改變推力的大小，他仍然可以做到在身形基本沒有太大變化的情況下保持穩定，你會覺得，你推的力量小，對方返回的力量就小；你推的力量大，對方返回的力量也跟著變大。在這個過程當中，太極拳高手只需要用少許的力保持合理的受力結構就行了，而與你對抗的力主要是支持力和摩擦力，所以他省力而你不省力。

太極拳的這種高明的借力技術，使得外部的支持力和摩擦力透過人體的骨骼而起到作用。因為這種力與人體本身的肌肉力量的明顯區別，所以有人把它說成為內力，其本意是區別於肌肉之力，並且這種力作用在比肌肉更為深入的骨骼之內。

以上簡單地分析了人體受力後的影響。但實際上人體的受力過程要複雜得多，比如：①人體在受到擊打時被擊打的部位會產生彈性形變，部分力會壓迫內臟至其受傷。②人體的質量分佈不是均勻的，因此力在人體中傳導與在均勻的物質中傳導其效果是有差別的。③由於外力的作用點和摩擦力的作用點不是同一點，因此力在這個傳導過程中會引起一些變化，如人體會做轉動。

綜上所述，要用質點模型精確地描述人體的受力過程是非常困難的，好在我們並非是做物理學的研究，對太極拳而言只需要大概地知道人體受力的主要變化和主要影響就行了。這裏總結以下三個方面的主要問題：

① 考慮擊打部位所產生的形變。

② 形變結束後可把人體近似地看做剛體，因為力臂的存在，人體有可能做平動或轉動。

③ 考慮打擊部位力的作用點和腳底摩擦力的作用點之間的位置，力在它們之間的傳導因為路徑的不同而產生不同的效果。

這幾個問題請讀者自己先思考，相信在看完本書後，您就具備了獨立思考這些問題的能力了。為了加深大家對摩擦力的理解，我們可以試著做下面的動作：

先立正站好，然後分開兩腿，相距約等於肩寬站立，逐步拉大兩腿的距離，看看自己在站立的情況下兩腿能拉開的最大距離是多少，記下這個長度。

到光滑的冰面上或光滑的地板上再次重複以上動作，看看這次兩腳之間的距離是多少。

你會發現，在冰面上兩腳分開的距離要比在地面上小得多，這是因為當兩腳拉得越開的時候，就需要越大的摩

擦力來阻止兩腳向兩邊的滑動，而冰面（光滑的地板）的摩擦力比地面要小得多，當冰面提供的摩擦力小於腳底滑向兩邊的力時，你就無法再穩穩地保持站立了。

在我們的生活當中摩擦力無處不在，通常人們都對它視而不見，而我們的武術家卻在太極拳當中充分地利用了摩擦力，這是個巧合？還是功夫進化的必然？誰又知道呢！

## 三、周身一家──人的整體協調運動

周身一家說的是一個「整」字，這個「整」實際上是外家拳和內家拳的分界線。雖然外家高手練到高級階段的時候這條分界線顯得不那麼明顯，但從一開始練拳就旗幟鮮明地強調「整」的，還只有內家拳。

有周身一家自然就有周身兩家，三家，甚至四家。一個沒有練過功夫的人，在發力出拳的時候，一般是胸部和上臂發力，腰腿沒有參與到發力的過程中來，所以力量不大而且很散。腿、腰、胸、臂各部位之間缺乏完善的配合，所以這種情況可以叫做周身三家或四家。比較好的外家拳高手，比如泰拳、拳擊的高手，通常都能做到周身兩家的程度，即從腰畫分為兩個部分，主要以腰部帶動手臂發力。雖然還不能做到周身一家的程度，但因為他們的腰以上部位配合比較完美，加上體格較大，肌肉爆發力好，因此，所產生的殺傷力也是相當驚人的。

周身一家是太極拳中對身法的要求，它說的是在打拳和推手當中，人體應該儘量保持整體的運動，手上的每一動作和身體的每一運動都由腳帶動起來，雙肩和兩胯要在一個平面運動，而且手腳要同時同步，一動俱動，一停俱停。

周身一家所帶來的一個好處是質量 m 的增大。根據牛

頓的慣性定律可知，質量 m 越大則物體的慣性越大，相應地要改變其運動狀態所需要的力也就越大。這意味著，當太極拳家用周身一家的方法行拳或推手時，對手想干涉或改變這種運動就更加困難。

請看下面搬攔捶的實例。

吳式太極拳的搬攔捶正確的打法是在虛步變弓步的過程當中完成拳的打出動作。剛開始身體重心在右腳，當重心開始移動的時候，拳立刻開始向前打出，當重心移動完畢時，拳剛好到位。整個過程要求均勻、同步。這是一個符合周身一家的運動。這個過程中凡是向前運動了的部位（如頭，手臂，胸部，腰胯，大腿等）都可以認為其參與了運動。因此在計算運動物體的質量時，這些部位的質量都可以加到總的質量當中。

相反，如果在做這個動作時，身手不同步，先把弓步擺好，然後再打出拳。這種情況下就只有手臂在向前運動，因此，在計算運動物體的質量時就只有手臂的質量能夠算數。

假設上面兩個動作的完成速度一樣，那麼很明顯根據牛頓第二定律 $F=ma$，力 F 會隨著質量 m 的增大而增大。對於一個只習慣於使用手臂力量的人，在掌握初步的周身一家的功夫後，所發力量至少可以增加一倍以上。

周身一家所帶來的第二個好處是力的傳導效率的提高。我們知道摩擦力從腳底產生，要利用好摩擦力，必須能夠把摩擦力最大限度地傳導到手上。在摩擦力從腳底傳導到手的過程中，摩擦力可能會被身體的某些部位消耗掉，或者因為身體用力不夠協調而無法傳導到手上。做到周身一家可以改善這些問題，從而提高力的傳導效率。

# 四、用意不用力──勻速運動

「用意不用力」是太極拳中說得很多的一句話，凡是對太極拳有點興趣的人都聽說過。只是用意不用力究竟說的是什麼意思，真正懂的人卻很少。從字面上大概可以看出「用意不用力」說的是以意識的運用為主（神意），儘量少用力甚至不用力。那麼，如何做到用意不用力？

練拳時用意不用力的要求：

我們知道，一個靜止的物體，在受到足夠大的作用力後，會改變靜止狀態而運動起來，沒有阻力的情況下該物體會一直運動下去。如果存在阻力，則運動會逐漸減慢直到最後停止。

打拳的時候，人體從靜止的無極式開始運動，如手臂輕輕抬起，此時手臂因受到肌肉的拉力開始從靜止狀態到運動狀態，因為手臂一直受到重力的影響，所以要保持手臂持續不斷的運動狀態，手臂的肌肉就必須不斷地產生拉力來抵消重力的影響。在這個過程中，手臂拉力的大小必須保持得恰到好處，拉力大了，手臂的運動速度就變快，可能無法做到周身一家和上下相隨，從而破壞了人的整體性；拉力小了，手臂的運動速度會變慢甚至會停止，同樣無法保證太極拳對人體的整體性要求。

所以太極拳要求人體運動的時候要均勻連貫，儘量以均勻的速度行拳，這樣既可以保持人體的整體性又可以用最少的力（肌肉產生的力）來完成動作。要達到這個要求，最好的辦法是集中精力去控制肌肉用力的過程，正因為如此，所以太極拳說用意（集中精神控制）不用力（用最少的力達到運動的效果）。

推手時用意不用力的要求：

推手當中的用意不用力要求全身盡可能地放鬆，除了因為要完成相應動作，保持必要的肌肉緊張外，要儘量地讓肌肉處於鬆弛的狀態或盡可能的低程度緊張當中，因為人在緊張的時候注意力會分散，身體的觸覺感受也會變得遲鈍，而保持敏感的觸覺是聽勁清晰的前提。只有聽勁好才能正確地判斷對方的舉動，從而做出正確的回應。所以訓練有素的太極拳練習者一般都不去練硬氣功、手掌開磚或打硬沙袋之類的項目。讓身體特別是手掌手臂部位皮膚保持細膩，沒有老繭，不但好看而且有提高靈敏度的實際功能。

最後要說明的是，太極拳控制肌肉的方法是「放鬆」，要求是意緊形鬆（意緊，是相對於鬆弛的身體而言，指的是保持注意力集中，意念恰好能貫注全身，既不能太多也不能有遺漏的地方）。這種要求與人多年形成的習慣正好相反，所以放鬆比緊張更加難以做到。太極拳家功夫的高低往往可以從放鬆的程度上來做大概的判斷。能在行拳走架中鬆下來就已經算不錯的了，能在推手中鬆下來，就已經算有一定的功夫了，能夠以放鬆的狀態應付普通人的蠻力頂撞，功夫就算比較高的了。

## 五、四兩撥千斤──加速度和阻力

很多人都聽說過四兩撥千斤，認為四兩撥千斤指的是一種技巧，在掌握了這種技巧之後就可以用很小的力量來對付千斤之力。那麼這種說法是正確的嗎？其實牛頓第二定律 $F = ma$ 就已經把四兩撥千斤的可能性表達出來了。請看下面的例子：

一人站立在地面上，由受力分析可知此人受到三個力的影響，分別是重力P、支持力N、腳底摩擦力f。通常情況下，我們只討論人在x軸的運動，並且重力P和支持力N大小相同，方向相反，所以P和N無須考慮。假設現在有一水平推力向人推去（推力比較小，不足以使人騰空飛出），要維持人的靜止狀態必須讓摩擦力f等於推力F。由於摩擦力的作用點在腳底，推力的作用點在身體上部，這裏可以把人體看做剛體，因此人會做定軸轉動。

一旦人體產生轉動，人體的重心就會移出支撐面外，為了保持平衡，人會自然地把腳向後移動以便讓重心重新落回支撐面內。在移動的過程中腳底會不斷地受到地面的摩擦力，直到摩擦力把推力消耗掉，人體才又恢復到平衡狀態。（圖12）

在這個過程中可以看到，推力和摩擦力的作用讓人先

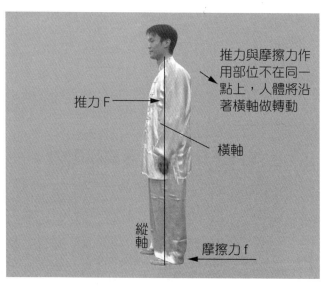

**圖12　加速度和阻力一**

做了一個定軸轉動,然後人的調整能力又讓人做出了平移。如果推力太大導致人的調節能力無法在短時間內反映,那麼人就會騰空飛出,直到重力把它拉回地面然後摩擦力消耗掉推力為止。

從上面這個例子中我們可以看到:

第一種情況,腳底的摩擦力只作用在腳底這個位置,而在推力的作用點上可以認為沒有受到任何阻力的作用,因此,推力全部轉換為對人體的加速度。這樣推力可以造成人體運動的最大效果。

第二種情況,如果我們把推力的作用部位改在腳尖的地方,讓推力和腳底摩擦力在一條直線上,這時如果還想讓人體運動,其推力就必須大於摩擦力。設摩擦力為一定值,則推力首先要被摩擦力抵消一部分,剩下的一部分推力才能轉化成人體運動的加速度。(圖13)

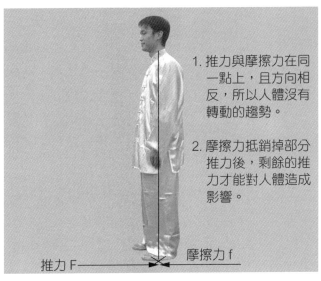

1. 推力與摩擦力在同一點上,且方向相反,所以人體沒有轉動的趨勢。

2. 摩擦力抵銷掉部分推力後,剩餘的推力才能對人體造成影響。

推力 F      摩擦力 f

圖13　加速度和阻力二

上面第一種情況是四兩撥千斤的力學原型；第二種則是頂牛對抗。

在實際的推手當中，我們沒有辦法讓對方的推力正好與腳底摩擦力處於一條直線上，但我們可以儘量縮短推力的作用點和摩擦力作用點之間的距離，以減少身體產生轉動的可能性；並且由身體姿勢的調整，儘量消除掉這個轉動力矩的影響，以保持自身的平衡狀態。

以上講的是推力在人處於靜止狀態時的四兩撥千斤；如果人體已經處於運動的狀態，比如重心移出支撐面外的時候，那麼，只需要順著人的運動方向再施加一個推力，人的運動速度就會被疊加而增加得更大，這可以說是借力情況下的四兩撥千斤了。

## 六、太極拳的鬆沉勁——力通過人體的路徑

千斤墜是中國武術中名聲比較大的功夫，很多人都知道有千斤墜這個東西。它通常說某人的功夫很好，站在地上任你推拉踢打他就是紋絲不動，猶如有千斤重量讓人無可奈何。有些太極拳的高手也能表現出這種功夫，他隨便往那裏一站，就像是大樹生根，你用再大的力卻猶如蜻蜓撼樹。當初筆者在師父那裏學拳時經常碰到這種情況，感覺讓師父動一動腳比登天還難。自己累得不行了而師父還像沒事人一樣輕鬆。在太極拳中把這叫做支撐八面。下面我們除去推手中的變化因素，講講簡單的鬆沉勁（千斤墜）原理。

考慮下面杆的受力情況（注意：下面的圖形都是為了方便理解而畫的示意圖，不是嚴格意義上的力學分析圖）。

我們知道，站立的人體如果受到一個水平的推力，人體的靜止狀態會發生改變。如果把人體想像為一根直立的杆，其底部與地面接觸，頂部的水平方向受到推力，則此時人體最先受到的影響是在推力的作用下做定軸轉動，表現在推手當中就是被推者向後跌出。（圖14）

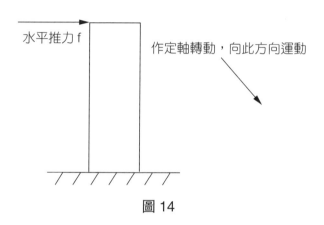

水平推力 f

作定軸轉動，向此方向運動

圖 14

如果人體受到的不是一個水平的推力，而是受到從上到下自杆頂垂直向下的壓力，則當壓力小於人體骨骼的最大支持力時，人體將保持靜止狀態不變。（圖15）

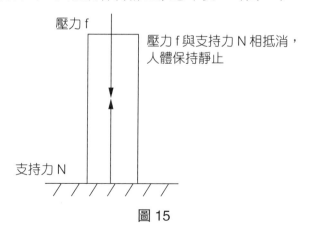

壓力 f

壓力 f 與支持力 N 相抵消，人體保持靜止

支持力 N

圖 15

下面來看第三種情況，人體受到一斜向的力 f，請考慮一下，這種情況下人體會做什麼運動？

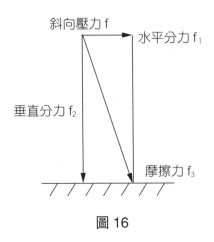

圖 16

當力 f 的力線不超過圖中杆的邊界時，我們可以把壓力 f 分解為水平分力 $f_1$ 和垂直分力 $f_2$。根據力的分解可以知道，分力 $f_1$ 和 $f_2$ 將決定杆的運動狀態。其中垂直分力 $f_2$ 將和支持力相抵消，杆是否做水平運動由水平分力 $f_1$ 和摩擦力 $f_3$ 的大小決定。當 $f_1$ 小於最大靜摩擦力時，杆將保持靜止狀態，否則就向力 $f_1$ 的方向滑動。

如果力 f 的力線超過圖中杆的邊界，則杆還是會像第一種情況一樣做定軸轉動，人體將無法保持靜止狀態。在推手中也是如此，當對方的力線超過自身腳的邊界時，人只有後退，沒有別的辦法。

在推手當中會遇到多種方向的推力，其力線大多都超出自身腳的邊界，遇到這種情況，只有後退一步，以增大腳底的支撐面積，將對方的力線重新納入到腳底支撐面之內，然後才能定住。

## （一）力通過人體內的路徑

以上的分析是把人體當做杆來看待，也就是把人體看做剛體。但實際上人體是可以產生彈性變形的，當人體產生彈性變形時，力通過人體內的路徑就會改變，而不會和上面的完全相同。

太極拳高手由對人體彈性變形的控制，可以決定外來作用力通過人體內的路徑，從而改變力的影響效果，維持自身的穩定。

## （二）支撐八面和鬆沉勁的運用

太極拳高手在受到不同方向的外力作用時，如果能由對自身的控制，使合外力的力線不超出自己腳的邊界，且自身所獲得的支撐力不小於對方施加的合力，則仍然可以維持身體的穩定狀態，這就叫做支撐八面。

要做到支撐八面一定要做到鬆沉。鬆是指身體儘量放鬆，特別是在外力的作用點上，以降低反作用力的影響；沉是要沉勁於下，對自己來說，就是要把重心降低，身體擺平穩，儘量增大自己的腳底支撐面積；對作用力來說，就是要把外力的力線引導到自己腳下，使摩擦力和骨骼的支持力能抵消外力的作用。

## 七、力、勁和內勁

力、勁、內勁這幾個詞是不是有一樣的涵義？或者它們說的本身就不是同一個意思？內家拳素有內勁（內力）之說，這是為了把內家拳的特殊發力方法和外家拳區別開來而有意識地換用不同的辭彙來表示的。內家和外家到底

有什麼本質上的區別？先讓我們看看外家拳的發力吧。

以直拳為例，外家的直拳是先把拳頭收回來，然後手臂肌肉突然用力把拳頭打出。這個過程可以看做拳頭從靜止到獲得動能再到擊中目標釋放能量停止。可以看出拳頭的殺傷力完全依賴於拳頭的動能大小。拳頭的動能大小又完全依賴於參與運動肢體的質量和肌肉加速肢體的工作能力（$k = \frac{1}{2}mv^2$）。但這其中有一個典型的矛盾：要想拳頭獲得更大的速度就必須有更強大的肌肉，而肌肉的強大則增加了拳頭的質量，質量的增加則必然使它加速更困難。所以世界上最厲害的拳頭不一定是最快的拳頭，也不一定是質量最大的拳頭，而是速度和質量結合得最好的拳頭。

可以看到，外家拳的特點是以局部的肌肉運動為主，由動能釋放來產生殺傷力。因為要求具備一定的速度，所以需要有一段距離來讓肢體加速。

再來看看內家拳的打法，以形意拳的崩拳為例，形意拳的崩拳出拳位置比普通的直拳要低，高度大概在腹部到胸部之間，在出拳之前，手處於靜止狀態且無須回收就可打出或少許回收。在出拳的同時，腳要向前方邁一小步，整個人體有一小段的平移，在平移結束的同時，手腳同步到位完成整個出拳動作。

根據直拳和崩拳的不同點，可以看出崩拳有如下特點：

① 崩拳出拳的高度低於直拳的高度，位置大致在胸腹之間，這使得拳頭打擊點的高度和人體質心的高度相接近，因此出拳者在擊打目標的時候雖然受到反作用力的作用，但不容易做定軸轉動，因而自身非常穩定。自身穩定後人體骨骼的支持力和摩擦力就更容易作用到打擊部位。

②崩拳出拳之前手臂只需要保持一定的彎曲狀態就可以了，所以出拳時無須回收後再打出，因而減少了一個回收的動作，能夠更快地出拳。

③崩拳要求人體有一個平移的運動，手腳同步到位，因此增加了人體運動的部分，由直拳的局部身體運動改為人的整體運動。質量 m 大幅增加，因而動能也大幅增加。

④人體的平移成為主要的能量來源，腰腿的大肌肉群成為主要的發力部位，因此降低了對手臂部位肌肉的要求。手臂不再是發力的唯一部位。「太極渾身是手手非手」說的就是這個意思。

⑤由於有身體平移的動能作支持，手臂發力動作小，快速，隱蔽而能量大，從外形上不容易看出發力動作和過程。一般人在常識上無法理解如此小的動作能有如此大的力量，由此認為肯定有某種神奇的力量在裏面起作用，因此把這種力量稱之為內力。

現在可以對力、勁、內勁來做個總結。

對於力的概念我們可以用物理學對力的定義來理解，即力是物體間的相互作用。

在談論太極拳的問題時，力這個詞通常都指局部肌肉運動的發力方式和不符合太極拳原理的運用力的方法。

勁和力其實是一對同義詞，之所以在太極拳中把它們分開來講，是因為太極拳家認為符合太極拳理論的發力方式所產生的力才能叫勁，如支持力和摩擦力的運用，人體整體發力（動能）的運用，巧妙的借力打人等等。對於不符合這些要求的一律稱之為力。

內勁（內力）則是因為大家不太瞭解內家拳的發力原理，以為是某種內在的神秘力量在起作用，所以把這種力

稱之為內勁（內力）。另外，由於太極拳家對力的運用十分巧妙，使得人們從外形上不容易看出隱含於內的強大力量，因此稱其為內勁也頗有幾分道理。

下面這個小故事，據說是河北永年縣誌所記載的事實。

說的是楊班侯教授徒弟張信義練拳的情況。張信義是楊班侯的同鄉，聰明靈敏，十分崇拜楊班侯高超的太極拳藝，多次要求執弟子之禮。楊班侯見他能誠心求藝，答應收他為徒。張信義跟楊班侯學藝10年，拳、劍、刀、杆已得真傳，只有「炮捶」尚未學到。

有一次，張信義悄悄來到楊班侯家門口，聽到房裏有雷鳴般的聲音，甚為好奇，推門進去，看見楊班侯在練伏虎式，拳動聲發，氣凌山嶽。張信義明白了雷鳴之聲是老師出拳所發，馬上跪地求教，楊班侯便先授以握拳法，再教他送拳法。張信義苦學半年，漸有所成。一天，楊班侯詢問張信義練到什麼程度，令他在距離土牆一丈左右「送拳」。張信義發拳向土牆衝去，牆泥隨拳勢紛然而落，楊班侯說了一聲「孺子可教」，乃將拳中的奧妙盡予傳授。

過了一年多，楊班侯檢查張信義的拳藝，功力與前無異，未見有任何進展，拳聲不像雷鳴。楊班侯便親做示範，在五丈外發勁送拳擊向土牆，土牆應聲震動，搖搖欲墜！

楊班侯向張信義指出：練拳下了功夫，但效果並不明顯，可能是先天不足或溺於酒色之故。到底原因何在？必須反躬自問。張信義一時為之語塞，只好繼續苦練，但仍是依然故我，迄無寸進。以後，張信義不再向人誇說和表演這方面的技藝……

這個故事講的就是凌空勁，在武俠小說中經常以內功

的面貌出現，有一些網路上的視頻片段也表演了這種所謂的「功夫」，一部分太極拳練習者還把這種「功夫」作為一生追求的最高目標，那麼，到底有沒有這種神奇的「功夫」呢？

其實只要我們認真地思考一下，15公尺外能讓土牆應聲震動，搖搖欲墜，這得需要產生多大的力量，並且這種力量要由空氣傳播，這需要多大的能量才能做到？拋開衝力在空氣傳播中的損耗不說，就算來個大力士，貼著牆掄大錘砸，要有雷鳴之聲、搖搖欲墜的效果，這個力量也相當地驚人。另外，無論人體以何種方式運動，產生的氣流能把幾公尺外的蠟燭吹滅就已經很不容易了，要想把一個質量為60公斤的人吹動卻幾乎是不可能的事情。

據筆者所知，在古典的太極拳理論中找不到凌空勁的理論依據。現代的物理學雖然可以做出氣流推動物體的解釋，但對於人體的生理構造來說，僅僅只是一種無法實現的理論（人體的生理結構使得人體產生氣流的強度有限）。另外，歷史上也沒有確鑿的凌空勁打人的實例。唯一可能找到凌空勁依據的地方應該是心理學理論！

還是看看楊式太極拳的傳人楊振基先生是如何說的吧（以下引用楊振基先生所寫的《楊澄甫式太極拳》一書）：

「楊振基談到楊家推手法時說，推手雙方要接觸，要連在一起才能進行發放，不連在一起不能打。

有人問他，社會上有人傳說他曾祖父楊露禪和伯父楊少侯及楊少侯的個別傳人能凌空發人，請他談談對這事的看法。

他說，他未聽到家裏人說過先輩能凌空發人，並認為這是不可能的事，這與科學道理不相符合。他說，他不是

自己貶低楊家先人，幾代人傳下來，包括他大哥所傳的都沒有說過能凌空打人。身手不與對方接觸，不產生彈性，不產生條件反射，不可能打到別人。我見過父親與人推手，大哥楊守中與人推手都是挨著的。沒聽說過楊家有不接觸別人就能發人的本事。一個人手有多大神，有多大勁，不接觸別人如何能把人發出去？

楊振基說，《打手歌》有『粘連黏隨不丟頂』，粘連黏隨就是一個意思，不離開。離開了就聽不到對方的勁，連在一起，雙方連成一體，透過眼看手聽，能知道對方動向，才能跟隨別人走。跟人走，才能『引進落空合即出』。在粘連接觸中，掌握別人有勁的地方和無勁的地方，別人有勁的地方放鬆它，把對方的勁引到我的空處。這樣才能找到發放對方的機會。不連在一起，對對方一無所知，不能出手。」

楊振基先生這番話說得極為客觀實在，而且符合拳理。這種實事求是的精神是我們所應該具備的。我們要用科學理性的眼光來看待太極拳，不要去追求一些虛幻的沒有科學道理的東西。太極拳是一種技擊術，不是玄學，更不是巫術，還太極拳一個真面目，去偽存真，才能更好地推廣和發展太極拳。

## 八、聽勁的理論依據

聽勁是太極拳所獨有的一項技術，就初級和中級階段而言，聽勁指的是依靠肢體的觸覺來判斷對方力的變化趨勢。

太極拳架是練體的過程，也就是練習自身內在的功夫。如何搭架子，如何運勁、發勁，如何做到周身一家、

上下相隨，手腳、四肢如何配合等等。當自己的功夫達到一定程度後，就應該做推手的練習了。學習推手的目的主要有兩個，其一是可以學習如何使用自身的功夫，其二是可以檢驗自己在盤架子中的對錯和不足之處，以便及時改正。僅僅練習拳架而不學練推手則太極拳的功夫不能長進，十年下來可能連一個門外漢都對付不了。另外，由於沒有推手的驗證，拳架動作的正確與否也不得而知，所以推手是太極拳中不可分割的重要組成部分。

在推手練習當中，聽勁是第一個而且是最重要的環節。因為所有技術的運用都是建立在聽勁的基礎之上的，有好的聽勁便可以正確判斷對方的意圖和變化，然後採取正確的應對措施。聽勁不好則不能審時度勢，不能正確應對對方的變化，從而處處限於被動挨打的狀態。

有了一定聽勁功夫的人，只需用手和對方保持輕微的接觸，就可以根據對方接觸部位細微的變化瞭解其力的變化趨勢，從而洞悉對方的意圖，其中主要包括以下方面的內容：

① 對方力量的大小、方向，支持力的作用點。（當前力的狀態）

② 對方用力的主要部位。（發力的作用點）

③ 對方準備減力還是加力，朝哪個方向。（力的變化趨勢）

總而言之，當你的聽勁明顯好於對方的時候，那麼對方所要做的一切事情都在你的掌握之中，你知道對方想不想打你，想怎麼打你，什麼時候想打你……這些你都知道了，那麼對方哪還打得到你呢？

根據以上的理由，聽勁其實更應該叫做「觸勁」或

「摸勁」，因為它並沒有使用耳朵，而僅僅用到了皮膚的觸覺功能。之所以叫聽勁，可能就如同聽人說話，弄懂對方的意圖一樣；聽勁也就是由感知對方的勁路，從而知曉對方勁路的變化，弄懂對方的攻防意圖。

聽勁的主要內容是由手部的觸覺來感知對方力的變化趨勢，實際上用眼睛的觀察來瞭解對方的站位、姿勢、動作，這也是聽勁極為重要的一部分內容。

在兩人雙手或其他部位相接觸的時候，訓練有素的太極拳家便能根據接觸部位的細微壓力和速度的變化（包括大小和方向）來瞭解對方力的變化趨勢；並且觀察對方的站位、姿勢、動作，然後綜合考察這些內容，從而洞悉對方的攻防意圖和技擊方式。這也是太極拳能夠知己知彼，從而後發制人的原因。

當到達懂勁的階段以後，在推手時雙方可以眯著眼以餘光為輔助，或乾脆閉上眼睛，僅僅由觸覺的感知來完成一系列攻防轉換。其他各大門派偶有相似的內容，但從聽勁的精細程度來說，太極推手是最為細膩，最為精巧的。

聽勁從肢體的接觸開始，但不僅限於肢體的接觸。在聽勁的中高級階段，或肢體無法接觸的時候，就只能由觀察對方的身法、站位、動作，以及神態、心態的變化去預測對方的下一步動作。這種情況，老一輩拳家稱之為「接對方的神意」。「接神意」是聽勁的自然進化的產物，因此可遇而不可求，沒有專門的練法，只有由聽勁功夫的自然進步來實現。如果我們把有接觸的搭手聽勁稱為「實」，那麼非接觸的「接神意」就是「虛」。在太極拳當中，所有「虛」的東西都必須有「實」的基礎，「虛」必須從「實」中而來，這是太極拳虛中有實，實中有虛的

原則。若拳架、推手的功夫為「實」，意識、神意的訓練則為「虛」，此兩者必須緊密結合，相互促進，重視「實」而忽略「虛」的做法是不可取的，而在「實」的基礎沒打好的情況下就棄「實」就「虛」，追求所謂的高級境界，則猶如空中樓閣，必然阻礙自身功夫的長進。與此同理，聽勁從「實」中來，卻向「虛」中自然進化，讀者能明白這個道理就行了。

## 九、化勁的本質

什麼是化勁？簡單地講，化勁就是當對手用力作用於我身體，企圖由踢、打、推、拉等手段的影響，實現其戰略意圖的時候，我利用各種方法，將對手這種力的作用減弱、改變，使其戰略意圖無法實現。

比如對手一拳擊向我面部，此時我首先不能去「頂」，也就是不能去硬碰硬，臉是沒有拳頭硬的，所以我不能讓其擊中。其次我也不能「跑」，一個勁地後退，那樣的話對手下一拳又會接踵而至。唯一的辦法是不頂也不跑，頭部向後退避一段距離以避開其鋒芒，同時用手貼住其前臂，順其拳頭運動方向的同時微微向旁邊牽引，使其拳頭落空。這是化勁的一個典型應用。

化勁的訓練通常都是在有接觸的推手中進行的，削弱和改變對手的作用力，使其為我所用，是化勁的最根本目的。對於化勁的理解，王宗岳的《太極拳論》已經作出了經典的總結：

「無過不及，隨曲就伸。人剛我柔謂之走，我順人背謂之粘。動急則急應，動緩則緩隨。雖變化萬端，而理唯一貫。」

其大意是：在推手或打手時，要保證力量的合理使用，既不要過分地大，也不要因用力太小而失去作用。要順隨對方的來力彎曲手臂而化之；當對方退卻時要伸展手臂而跟隨，保持手的粘黏用以聽勁。對方硬力打來，我則柔軟地走化，我處於順勢的時候則對方必然處於被動。對方快，我也快，對方慢，我亦慢，要跟上對方的節奏，保持同步。這其中雖然有各種各樣的身形或手法的變化，但它們所遵循的道理都是一樣的。

上述這些太極拳走化理論的力學原理如下。

### （一）力的消耗和抵消

化勁是太極拳中最重要的技術之一，沒有化勁就沒有發勁，通常說先化後發，或即化即發（表示化和發之間的轉換相當快，就像同時完成一樣）。化勁是太極拳區別於其他拳種的重要標誌，外家拳不講化勁，內家拳講化勁的也極少。而太極拳在入門之初就開始學習和使用化勁，由此可見化勁在太極拳中的重要地位。

隨著練拳者功夫的提高，化勁有不同的表現形式，我們現在只講化勁的基本力學原理。

① 延長力的作用時間的消耗方法。首先，化勁必須有肢體的接觸，即有力的作用才能有化。考慮下面的情況：A，B兩人雙手相搭，分別以自己的手腕外側與對方相接觸，開始時都不用力，僅僅保持腕部的接觸，手臂和身體都處於靜止狀態。此時，我們對接觸部位做受力分析可知，手臂都受重力，手腕的接觸部位 A 給 B 的支持力等於 B 給 A 的支持力。它們大小相等方向相反。假定此時一方突然加力推向對方（可認為施加了一衝力 F），那麼被推

的一方選擇之一是「延長力的作用時間來減小衝力 F 的大小」。即手臂保持一定程度的放鬆並在推力的作用下向身體貼攏，然後利用身體的質量，減小推力對人體產生加速度的影響。在這個過程中，接觸部位手腕與手腕之間，手腕和身體之間都會產生彈性形變，這種形變也會消耗一部分力量。這種化勁方式是對力的一種消耗的化勁方式，當推力不太大的時候，這種方式能起到比較好的效果。

②運用反作用力的抵消方法。如果對方推力太大，在使用消耗的方法之後仍然有很大的衝力的話，則需要用到「太極拳的鬆沉勁」的方法來抵消推力，即兩腳拉開一定的距離，身體與地面形成一定的角度，把外力的力線保持在自己腳的邊界以內，用人體骨骼的支撐力來抵消外力。

### （二）保持接觸部位支持力 N 爲定值

現在考慮對方加力的另一種情況，就是對方使用手臂的伸展加力而身體不動，這種情況下力的特點是速度快但因為受到手臂長度的限制而距離短。當我方察覺到手腕接觸部位的支持力 N 有增大的趨勢時，手臂立刻順對方力的方向而運動，如果聽勁和黏勁夠好的話，應該可以保持接觸部位的支持力沒有太大的變化。等對方手臂伸展到盡頭則由自身的牽扯而停止運動。

在以上整個過程當中，要儘量保持接觸部位的支持力為定值，要以觸覺來感知支持力的變化和對方的運動趨勢。對方加力我則退卻，對方減力我則要前進，以保持支持力為定值。這實際上就是粘黏連隨的本意。

如果對方推力又大距離又長，那就應該運用圓周運動來把對方的勁力化掉。拳論有云：「立如平準，活似車

輪。」說的是自己要像立著的車輪一樣，當對方大力推來時，我只需要做一個以重心垂線為軸的定軸轉動，則對方的推力會從車輪的邊上滑過而不通過我重心，沒有力通過重心，則自然不會對我產生位移的影響。這個時候，在力的作用點上，支持力的大小仍然保持為定值。

化勁通常都是以上幾種方法的綜合運用，根據每個人自身的特點從而有不同的搭配組合和表現形式。個頭大質量大的人比較容易運用消耗和抵消的方法，因此給人的感覺是根基穩固，內力深厚；而個頭小質量小的人比較靈活，所以容易運用保持接觸部位支持力不變的方法來化勁，因而給人的感覺是輕靈，難以觸摸其虛實。

傳說當年楊露禪聽勁、粘勁、化勁功夫極好，能夠手中放一雀鳥而不飛。因為鳥在展翅欲飛時必須先用腳蹬地，借助蹬地的衝力才能展翅飛起（註：此種說法是否正確還有待考量），而楊露禪在鳥蹬腿的瞬間用聽勁感覺到後，立刻化掉鳥蹬腿的衝力，所以鳥就無法展翅飛翔了。這是個美麗的傳說，是真是假就說不清楚了，據我所知極難做到，且目前沒有任何人能做這種表演。這其中的關鍵問題是小鳥的質量太小，其蹬腿的衝力也太小，一般人很難在如此短的時間內對如此小的力量做出反應。

## 十、太極拳的發放術

世界上大多數的格鬥術對於如何借力基本上很少有研究，而對於如何用力則是研究得比較多的。前面的部分讓我們對太極拳的借力技術有了一些瞭解，現在我們再來看看太極拳是如何用力（發力）的。

我們知道人的任何行動和動作都是肌肉作用的結果，

離開肌肉的作用，人將失去一切自由行動能力。太極拳經常說用意不用力，只是想強調用意的重要性。就用力來說，太極拳對用力非常講究，如何用力能得到最好的技擊效果？這是太極拳的重點研究內容之一。

發放術是太極拳所獨有的一種技擊術，它的作用是在不傷害人體的情況下把人打出數公尺的距離。如果發放者的功夫比被發放者明顯高出一籌，則被發放者會感覺被一股柔和的力量托住，不由自主地做出平移運動，向被發放的方向騰空跌出兩三公尺，或連蹦帶跳地退出 3 公尺、5 公尺甚至十幾公尺的距離。從外表上來看，發放的過程和推人的過程非常相似，只是結果完全不同。沒有練過太極拳的人，即便力大無比，但想要把一個不願退後一步的人推出 3 公尺以外也是很難的一件事情。因為人的自然反應讓人在遇到推力的時候會運用自身之力和推力相抗衡。兩力抵消一部分後，剩下的又有多少力能讓人體做出平移 3 到 10 公尺的運動呢（脫手後 3 到 10 公尺）？

太極拳家能做到這一點，其原因之一是他們有著非常高明的借力技術，其原因之二是因為它們有高效率的發力技術。太極拳譜中武禹襄《十三勢說略》中講到：「其根在腳，發於腿，主宰於腰，形於手指。由腳而腿，而腰，總須完整一氣……」這裏說的就是如何發力。講得非常清楚明瞭。說得通俗一點就是：發力的根源在腳，根基必須穩固；發力的主要部位是腿，由腿部的肌肉做主要的能量輸出。發力的方向控制和傳輸的關節在腰部，腰部控制得好則力量能夠順利地從腿傳導到手上；手指只是發力的最終作用部位而不是發力的主要部位。腳、腿、腰必須配合完好才能做到完整一氣，發揮出最大的效果。

這其中需要重視的是腳的作用。腳沒有多少肌肉，所以腳不可能發出太大的力量。但腳是很重要的部位，能否保持合理的受力結構，完全要看腳的站位。腳必須在腰腿發力的時候獲得足夠的地面支持力和摩擦力以使人體保持穩固，否則在自己不穩的情況下，發力越大則自己被打得越遠，不是打別人，而是自己打自己了。通常說的腳底下有根或有根勁指的都是這個意思。

一身備五弓是太極拳發力的具體做法。說的是發人的時候，自己要成為一張弓，被發之人則如同弓上的箭，弓這麼一彈，人就被發出。五弓分別指的是兩手臂為兩張手弓，兩腿為兩張腿弓，腰身為一張身弓。當五弓合一時，人就成為一張大弓可以發人了。說得好像很玄，好，我們來看看如何把人體做成一張弓。

首先來看看手弓的形成，我們把一隻手臂抬起水平伸直，那麼一隻伸直的手臂可以看做一條直線。然後把肘關節稍作彎曲，彎曲的手臂可以近似為一條曲線。（圖17、圖18）

現在看看彎曲的手臂，是不是有點像一張弓的弦了？

圖17　手弓一

圖18　手弓二

因為是同一隻手臂，所以直線和曲線的長度是相同的。好，現在把手臂伸直，手臂將又變成一條直線了。這個簡單的手臂彎曲，伸直的過程就是手弓的發力作用過程。

發揮一下想像力，把曲線看成微小的點所組成，那麼在曲線變成直線的過程當中，以中心為原點，每個小點都以一定的速度向 x 軸的兩邊運動了一段距離。根據牛頓第二定律 F＝ma，這種小點的運動就產生了力。

也許您會認為這種小範圍的動作產生的力量很小。但力量的大小將隨著加速度 a 的增大而增大。當距離很小的時候，速度反而越容易提高，因為通過的距離縮短了，所需的時間也會減少，速度相對而言就更快了。

除此之外，還有重要的一點是：當手臂伸直時，如果一端遇到阻力，線條的彈力就會對抗阻力。即人體骨骼的支持力此時就發揮出了強大的作用。因此，阻力越大的時候弓的彈性就越大，威力也就越大。

其他四個弓的作用原理都是一樣的，這裏就不一一敘述了。

之所以說它們是弓，第一個原因是因為彎曲的外形比較像，第二個原因是因為它們都是依靠彈力來起作用的。當身上的五張弓能夠很好地配合的時候，同時作用所產生的力量是相當可觀的。

一名訓練有素的太極拳練家用這種發勁方式可以讓普通人退出 3～5 公尺的距離，在雙方功夫差距過大的情況下有可能退出 10 公尺以上的距離。有些人不相信太極拳的發放術可以把人彈出那麼遠的距離，這是很正常的想法。實際情況是，太極拳的發放術可以把人彈出很遠，但卻不能把一個同樣大小的重物彈出那麼遠。這當中有一個小細

節，看看下面的例子就應該能明白了。

　　假設有一個質量為 80 公斤的木箱（圖 19），放置在粗糙的地面上，當木箱的中部（質心）受到一水平推力時，木箱將會產生什麼樣的運動？

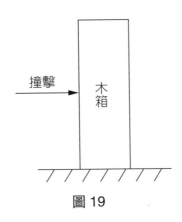

撞擊　→　木箱

圖 19

　　如果我們做出一個撞錘，撞擊力量從 1 牛頓（N）開始，逐次增加 1N 的撞擊力量，當木箱完全靜止後則進行下一次撞擊。

　　① 剛開始，我們發現木箱幾乎是不動的，因為撞擊的力量很小並且被地面摩擦力所抵消，木箱所獲得的加速度為零。

　　② 當撞擊力量大到一定的時候，木箱會向後平移一段距離之後停止運動。撞擊的力量越大則木箱移動的距離越遠。

　　③ 木箱平移後是否還保持直立的穩定狀態取決於木箱與地面接觸的面積大小，底面積越大則越穩定，越容易保持直立的狀態。

　　如果我們改變木箱的形狀，使其成為一個長條狀的方

柱，再來撞擊的話，會發現木箱非常容易就倒地，很難保持直立的狀態。真實的人體在受到水平推力的時候就和這種狀況一樣。

站立的人體，不管採取什麼姿勢，都處於一種不穩定平衡狀態。

在力學中，物體有三種平衡狀態，如圖20。

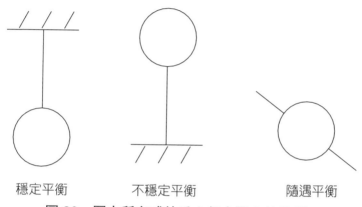

穩定平衡　　　　不穩定平衡　　　　隨遇平衡

**圖20　圖中所有球的重心都在圓心的位置**

其中第一個球，其重心在支撐軸的下方，如果撥動它離開平衡位置，則可以看到其重心升高了，一旦放手後，重力的力矩就使小球回到原來的平衡位置，這種平衡叫穩定平衡。

第二個球，重心在其支撐軸的上方，只要稍一撥動，球的重心就會下降，重力的力矩就使其翻倒。這種平衡就叫不穩定平衡。

第三個球，軸從其球心穿過，在其繞軸轉動時，其重心既不升高也不下降，在任何位置都可以保持平衡，這種平衡叫做隨遇平衡。

在太極拳中，我們面對的是人體，那麼只需要瞭解第二種情況，即不穩定平衡。

在不穩定平衡的物體當中，比如一長方塊，其平放和豎放的平衡情況是不一樣的。顯而易見的是，平放的時候它更加穩定，因為其支撐面越大，其保持平衡的能力，也就是穩度就越大。

直立的人體就像是豎著放置的長方塊，當受到水平推力的時候，重心的垂線很容易移出支撐面之外，為了保持平衡，人體自然會後退，以使重心重新回到支撐面之內。如果退一步之後，摩擦力仍不能使人體停止運動，則人體重心部位會繼續向後運動，為了保持平衡，人也得繼續調整步伐後退，直到人體運動的力量完全被摩擦力或空氣的阻力抵消為止。

從上面的分析我們可以得出以下的結論：在質量、大小、高度、受力部位都相同的直立的木箱和直立的人體受到水平推力時，人體的運動距離（水平位移）會遠遠大於木箱的。因為人體會為了保持平衡而自動後退，且在後退的過程中雙腳會跳離地面，使得摩擦力無法一直作用於人體。這一點就是人體受力和物體受力的最大區別，所以太極拳高手可以沒有搬持重物的力氣，卻能把一個大活人打得老遠。

關於發放術，最後要說明的一點是，發放術是太極拳中特有的一種不傷人的發力方法，但是，發放術也可以很容易地轉化成傷人的攻擊方法（即擊打）。在掌握了發放術後，傷人和不傷人只在發放者一念之間而已。因此，能發者必定能打，不要以為發人而不傷人沒什麼威脅，那只是人家不願意傷人罷了。常言道：「傷人容易，不傷人

難。」這才是太極拳的追求和境界。

從力學的角度來看，發放術和擊打都可以視為一種碰撞的能量傳遞，區別在於，發放的肢體接觸時間要比擊打肢體接觸時間長，因此，發放比擊打需要更多的時間以完成動作，在實戰中完成擊打動作顯然要容易得多。所以，太極拳高手在實戰中也會毫不留情地選擇擊打動作，而不會為了刻意表現太極拳的特點去化勁發放，因為擊打動作更容易做到，殺傷力也更大。

## 十一、以柔克剛──控制與反控制的藝術

以柔克剛通常被看做是太極拳的獨特標誌。「柔」是指太極拳中的柔化對方來力和化解對方進攻的技術，當柔化成功後，隨之而來的是我方進攻的機會，這是柔化的意義之所在。所以柔化經常是和發放聯繫在一起的，有化必有發。因為化和發的轉換時間極短，有時甚至「化即是發，發即是化」。

我們知道人體的任何動作都是由大腦指揮，由肌肉來完成的。當完成特定的動作後，肌肉必須經過放鬆這一過程，才能轉而執行其他的動作。比如連續出拳的時候，每一拳出手後必須有一個放鬆回收的動作，這樣才能保證下一拳的速度和力量。當肌肉越鬆弛的時候，所需要的轉換時間就越短，所以太極拳要求儘量地鬆弛，以減少動作之間的轉換時間，從而加快反應速度。由此可以知道，鬆弛柔軟的一方會比僵硬的一方有更好的靈活性，更快的速度和更強的力量。

說到這裏，我們來回顧一下關於碰撞的問題。兩個物體碰撞的時候，動能越大則它們受到的衝力就越大；碰撞

所用的時間越短，它們受到的衝力也就越大。除此之外，碰撞還分為彈性碰撞和非彈性碰撞。

彈性碰撞最典型的例子，如乒乓球落在木地板上，球會回彈到幾乎同樣的高度。在球和木板的碰撞過程中，乒乓球的動能幾乎沒有損失，雖然實際中球的回彈高度會稍微低一點點，這說明球的能量有些損失，但我們通常忽略掉這一點點的能量損失，仍然把它近似為彈性碰撞的過程。

非彈性碰撞的過程，只需要把上面的乒乓球換成番茄，則可以知道，番茄幾乎不會彈起，它和地面碰撞的能量被完全地損失掉。最極端的例子是兩輛相對碰撞而停止的汽車，它們的碰撞部位明顯變形且完全停止運動。這表明動能完全轉變成破壞汽車的能量了。

通常，太極拳高手在發放對方的時候，做的都是彈性碰撞，只有這樣才能把對手輕鬆地發放出去。而化勁的時候，通常需要的是非彈性碰撞，既可以消耗對方的能量，又比較容易穩定自己的身形。

把以上的內容綜合起來，可以知道：

① 太極拳用柔的方法來消耗對方的推力，形成非彈性碰撞，以穩定自身。

② 因為自身柔軟，所以能做到隨機應變，速度和力量都優於肌肉僵硬的對方。

有了這兩點，太極拳高手在化勁的過程當中並非處於消極防守的地位，而是處於主動積極的防守地位，能抓住任何可能的機會還擊。只要對手出招僵硬，那麼這個過程將由自己控制，而不是由出招的對方控制。自己可以一邊化勁，一邊找機會反擊。所以，太極拳的以柔克剛是一種

掌握控制權的手段，越鬆柔，越有可能把握戰局。為什麼有功夫的太極拳家都不厭其煩，反反覆覆地強調「鬆，鬆，鬆，柔，柔，柔」？因為「鬆柔」就是太極拳的靈魂！

以柔克剛是太極拳中極具特色的內容，但並非太極拳所獨有，只是「以柔克剛」在太極拳中表現得比較明顯。其他門派的內家高手練到高級階段，也都會逐漸明白鬆柔的重要性，所以也能使功夫達到上乘的境界。比如形意拳中以「半步崩拳打天下」的郭雲深，相傳數次與人交手，皆用一招半步崩拳就解決戰鬥，把人擊出丈外，贏得「半步崩拳打天下」之美譽。有的人就說這是「不怕千招會，就怕一招精」，是因為這一招他練得太好了，叫別人無論如何都破不了。有些人則不能理解用同樣的一招怎麼能應付不同的打鬥情況？

其實這招「半步崩拳」看似只有一招，但包含柔化的變招在其中。在出拳時，身體放鬆柔，保持好身形並逼近對方，密切觀察對方的反應。如對方正面強攻，那正中下懷，立刻閃過對方最強的攻擊後，近身出拳發放，因為內家高手的整勁極強，所以幾乎是一擊必飛；如果對方退讓，則不必急於發拳，只需步步進逼跟上，對方只要有想打人的念頭，必然就有再次出招的時候，或者因為倉促後退而漏出破綻，在自己得機得勢時再出拳即可。

由以上講解和實例，可以得到下面幾點結論：

① 自身保持鬆柔才能有較快的應變，所以能閃過對方的進攻。

② 因為鬆柔，所以在閃過對方的攻擊後自己能快速轉為進攻狀態發拳。

③ 因為整勁好，所以具備把人打飛的強大能力。

④當對方退讓時，因為自己是在上步逼進，所以速度和應變必然快於對方。

⑤因為自己是等著對方出拳或漏出破綻，所以是以靜制動，後發先至。

以柔克剛，以靜制動，後發先至，都在這個戰例中得以實現，雖然是形意拳，但和太極拳的打法已經沒有什麼太大的區別了，強硬派的太極拳高手在實戰中也就是這樣打的。所以，鬆柔不僅僅是化勁的必要條件，也是掌握控制權的有效手段。

## 十二、以弱勝強還是以強勝弱？　　慢讓快還是快打慢？

《太極拳論》中說到：「斯技旁門甚多，雖勢有區別，概不外壯欺弱，慢讓快耳！有力打無力，手慢讓手快，是皆先天自然之能，非關學力而有為也。察四兩撥千斤之句，顯非力勝，觀耄耋能禦眾之形，快何能為？」

這段話說明瞭太極拳與外家拳的本質區別，太極拳不像外家拳以大力打小力，以快打慢，而是透過對「合理用力」的學習來掌握以小力對抗大力，以慢速對抗快速的技巧。因此，太極拳家即便到了很大的年紀也能與青年人相抗衡。

因為說得十分精闢，以至於大家都認為太極拳是以慢打快，以弱勝強的功夫。實際上太極拳不僅僅是以慢打快，以弱勝強；很多時候也需要用到以大力打小力，以快打慢的手段。

以大力打小力實際上是太極拳的基本原則之一，即以整體的力量來對抗對方局部的力量，也叫做整體勁。

我們以搬箱子為例來講解外家拳的局部用力和太極拳的整體用力之間的區別。

　　現在地面上有一個重 20 公斤的箱子，我想把它從這裏移動到另一個地方，首先得把它抬離地面。我們僅僅看抬離地面的過程。假設箱子足夠高，我無需彎腰就能抓住。下面是兩種不同的方法：

　　① 我身體保持直立，用手抓住箱子的把手，手臂抬起，把箱子舉離地面。

　　② 我雙腿彎曲蹲下，用手抓住箱子後手臂保持不動，然後雙腿站直，箱子被舉離地面。

　　第一種方法中我們發現箱子被提高了一定距離，那麼它一定要克服重力做功。這個功由誰來做？當然是由手臂的肌肉來做。

　　第二種方法中箱子被提高了同等的距離，做功大小與第一種一樣，只是做功的部位由手臂肌肉改為腿部肌肉。

　　做一樣的事情，但第二種方法則要輕鬆得多。

　　俗話說「胳膊扭不過大腿」，就是說腿部力量比手部力量要大，因為腿部的肌肉群明顯大於手部的，而且耐力也比手部的要好得多。一個健康的人原地跳幾下是非常容易的事情，無須特殊的鍛鍊就能做到，但如果要你用手臂做支持來跳幾下，並且保持同樣的高度，那可就太難了。

　　能夠把腿上的力量運用到太極拳當中，去對抗對方局部的上肢力量，這不就是以大力打小力嗎？當對方用手來推你時，你只需要用力把腳往地上一蹬，對方手臂產生的推力必定不及你腳上產生的推力。

　　當對方用手臂的力量揮舞拳頭打來，而你用腿部的力量使人體產生平移，並以平移的動能去撞擊對方時，誰的

力量會更大？誰會更輕鬆？

　　一般來說，練外家拳的人在減少運動量或上了年紀後會因為體能的下降導致力量下降，攻擊力大減。而練太極拳的人則在掌握了整體勁之後，只要還能走路，便能保持大致相當的攻擊力。這是太極拳優於外家拳的根本原因之一。

　　再來看看太極拳是如何以快打慢的。

　　太極拳的以快打慢或者說以慢打快說的其實是同一個意思，因為快與慢都是相對的，所以我們要搞清楚快和慢相比較的對象是什麼。請看下面的例子。

　　假設兩個人身高一樣，臂長一樣，他們面對面站立，其中任何一個打一直拳都能擊中對方。如果此時要兩人同時出拳相擊並不得躲閃，則我們不用想都可以知道，誰的出拳速率快誰就能先擊中對方。這是正常情況下的以快打慢的思維。

　　再來看看以慢打快，現在必須換一個例子，因為上面的例子被規則（此時要兩人同時出拳相擊並不得躲閃）所限制，已經沒有以慢打快的條件了。

　　還是假設兩人身高、臂長、身體素質一樣。相對而站，現在其中一方突然轉腰發力，以一記擺拳攻擊對方，防守的一方只需低頭彎腰，剛好閃過擺拳的同時，以一記勾拳還擊其下頜。這便可以說是典型的以慢打快的例子。分析如下。

　　設擺拳經過的空間距離是 1 公尺，速率是 1 公尺／秒，那麼擺拳需要 1 秒鐘的時間才能到達目標。對防守方來說，低頭彎腰 5 公分就可以讓開對方的拳頭（對方拳頭的長度為 5 公分），因為只需要移動 5 公分，所以移動速率可以比擺拳的速率慢很多，只要在 1 秒內完成就行。當

擺拳落空的時候，因為慣性的原因，身體和手臂會繼續朝力的方向運動一段距離，這時兩人的空間距離一定會縮短。有可能防守方的拳頭和對方下頜的空間距離只有 0.5 公尺左右。此時打出勾拳的話，同樣用 1 公尺／秒的速率，因為距離的縮短，卻只用了一半的時間就到達目標，並且因為距離的縮短，對方極難躲閃。也可以說，用對方一半的速率，和對方用同樣的時間，自己還能擊中目標。

這個例子說明，速率慢不一定就輸給速率快的，決定成敗的不僅僅有速率，還有距離（空間位置）。速率快可以縮短空間距離，空間距離大又可以拉長時間減慢速率，此兩者佔據一條就可立於不敗之地，兩條都占全了那就一定占盡了優勢。

要完成上面這個動作有一個重要的前提條件，那就是準確地判斷出對方的攻擊意圖，從而能夠在對方動作的瞬間採取合理的防守反擊。根據對方動作的速度，做到「動急則急應，動緩則緩隨」，跟上對方的節奏，保持動作的協調一致。在能夠有肢體接觸的情況下，儘量利用自己的聽勁能力，預先判斷對方的變化趨勢，做到「彼不動，己不動；彼微動，己先動」。身形、肢體運動得快，是快的初級階段，是看得到摸得著的。而這種「人不知我，我獨知人」的意識上的快才是快的更高級要求。

最後可以做個總結：

① 就攻擊能力來說，太極拳雖然看似局部力量不如對方，但整體力量還是要強於對方的，所以還是能以大力打小力。

② 在太極拳當中，強弱的概念並不是體格、力量上的簡單比較，而是一種動態的、變化的勢態，太極拳在打人

時總能使自己處於順勢而對手處於背勢，所以是以強打弱。

③ 太極拳以距離上的優勢來轉換為速率上的優勢，所以還是能以快打慢。

④ 由聽勁來掌控對方的變化，從而及時做出正確的應對，才是真正意義上的快。這個快不僅僅指身體動作上的快，還指意識和勁力變化上的快。

⑤ 我們通常理解的太極拳以弱勝強、以慢打快其實都是太極拳在防守反擊方面所用的手段，那是太極拳必不可少的一部分，但不是全部。

## 第二節　太極拳拳架實例分析

在看完了上面的理論部分後，我們以吳式方架太極拳為例，來具體地講解這些力學原理在太極拳架中的應用（用其他的拳架來做例子講解也是可以的，因為力學原理適用於各種拳架，但作者本人對吳式方架更為瞭解，所以就用方架來舉例說明）。

我們說練拳不要練習空架子，就是指要瞭解一招一式的力學內涵，瞭解一招一式中的攻防變化和技擊意圖。雖然大家練的都是同樣的拳架，但瞭解這些內容的人和不瞭解的人兩者練習的效果是大相徑庭的。只需看個一招半式，行家就知道拳中有沒有東西，是不是空架子。

吳式方架太極拳是吳鑑泉宗師晚年總結定型的一套拳架，據說有很多吳式門人練的都是這個拳架。它最大的特點是一個「方」字，其動作多走直線，方方正正，而不像其他的太極拳多走曲線（圓弧）。有傳聞說方架是吳家在

傳授太極拳時為了便於初學者的學習而化繁為簡，化圓為方，因此方便了初學者的理解和掌握。

直接練習圓架一樣也可以練出好功夫，這一點是無須爭議的。但從力學上來看，分析直線運動顯然要比分析曲線或圓周運動更簡單。事實也正是如此，以我個人學拳的體會，吳式方架更容易學習和掌握，更容易出功夫，所花費的時間更短。

在理解了方架的內涵後可以更容易地理解圓架。如果以書法來做個比方，吳式方架就如同楷書，方方正正一筆一畫；而圓架子就如同行書，連貫圓潤瀟灑飄逸。直接練行書還是練楷書？這應該不算是一個問題吧。

在下面的講解中，我們會從拳架中抽出一些有代表性的式子，先對其動作作一個描述，之後說明它的技擊用法，最後再講解其中的力學理論依據。

希望在分析一些具體的例子後，讀者自己能夠具備以力學知識思考分析問題的能力，從而加深對太極拳的理解，做到知其然更知其所以然。

## 一、太極拳起勢

太極拳起勢是太極拳開始的第一個動作，此式看似簡單，但實際上它可以說是太極拳中最難練的動作，因為一個起勢基本上包括了太極拳的所有核心內容，粘，黏，連，隨；聽，化，拿，發，中定等等，這一切都可以在起勢中得到體現。

### 【動作過程】

人體自然站立，兩腳同肩寬，雙手自然下垂分別放於兩腿旁邊。全身保持鬆弛柔軟的狀態，雙臂直臂往前、往

【技擊用法】

一個起勢共有兩個發勁。

① 當對方以雙掌按住我雙腕或雙臂時，我雙臂向前發勁發放對方。

② 當對方以雙掌推我胸部時，我雙臂往上掤起，同時以腕背部擊打對方雙肋或胸部。當對方退後時，立即展開手指向前發放。

【分析】

在做起勢動作的時候，我們假設有一個人正在我面前充當上面技擊用法中的「對方」這一角色。第一個發勁是在手臂往上抬的過程中，對方以雙掌按住我雙腕。（圖22）

我的手臂往斜上方運動，對方則以相反的方向用力企圖阻止我運動。此時如果我加力則對方也加力，從而形成

圖21　起勢

圖22　起勢雙腕被按

頂牛的局面，而頂牛是太極拳中最忌諱的。

正確的處理方法是，我在通過手上的聽勁判斷出對方的用力方向後，手臂的運動方向由往斜上方改為往正前方。由於此時正前方向的阻力小，所以我的手臂很容易向前移動。當對方發現無法阻止我手臂運動時會本能地調整用力方向，改為對準正前方以期待阻止我手臂運動。當我用聽勁洞察到對方用力方向的改變時，立刻再把用力方向調整為斜向的方位，由於此時斜向的阻力最小，我的手臂又可以輕鬆抬起。經由數次這種虛實的變換後，我的手臂可輕鬆運動到指定的位置。

另外還有一種鍛鍊整勁的方法，就是不做以上的虛實變換，直接用一身備五弓的發勁，使手臂運動方向的力超過對方的阻力，直接發放對方。這只能在對方是局部用力而自己是全身整體用力的情況下使用。以整體打局部是符合太極拳拳理的，而以局部對抗局部或整體對抗整體都是不好的情況，應當儘量避免。（圖23）

圖 23　起勢整勁發放

上面講的是傳統太極拳中的重要內容，名為「試勁」。一個人有沒有太極拳的運勁、發勁功夫，功夫程度如何，只需加力一試便知。拳中有沒有內容，其內容的很大一部分指的就是這個試勁。試勁是調整和檢驗太極拳架的重要手段，必須由具備懂勁能力的師父來完成。通常，我們把沒有經過試勁的拳架叫做「操」，把能由試勁檢驗的拳架叫做「拳」，這就是「太極拳」和「太極操」的最大區別。從這種區別當中不難看出，太極拳一般是不能自學成才的，因為它需要師父來「試勁」；而太極操是可以自學的，但這種「操」和廣播體操的功效是差不多的，跟「拳」則差得太遠。

起勢的第二個發勁應用是在對方雙掌推向我胸部時，我立刻雙臂向上抬起，此時因對方的用力方向是指向我胸部的，在豎直方向上沒有阻力。我的手臂上抬使對方手臂也向上運動，對方對我胸部的水平推力便消失。

對方察覺我手腕接近其身體，感到有所威脅，於是後退以避讓，此時我可趁勢向其退讓的方位展指發放。

## 二、左掤擠

### 【動作過程】

接起勢的動作，兩手下按，同時坐身，略下蹲。（圖24）

重心逐漸移至右腿，同時兩手俯掌往兩側分開，當重心完全移至右腳時，左腳腳尖虛點地面。（圖25）

左腳提起往左前邁一步，腳跟落地（此時重心仍定在右腳）。然後左手由左側往上、往前置於胸前，掌心朝裏，指尖向右，成左掤式；在左手運動的同時，右手由右

圖 24　左掤擠之下按掌

圖 25　左掤擠之雙分掌

圖 26　左掤擠之合掌

側往上、往前置於左手腕裏側，掌心朝外，指尖斜向左上，掌根輕輕貼住左腕內側，兩掌成擠式。在雙手運動的同時，左腳尖往右側內扣落地。（圖 26）

　　手和上身均保持姿勢不變，右腳略用力蹬地，身體往前平移成左弓步，雙掌合勁，隨身往前擠出。

【技擊用法】

①雙手下按是一種使對方拔根的下沉勁，含有採意。當對方用雙手向上托我肘部，或我雙前臂置於對方雙臂之上，或用雙手握住對方肘彎部時，我雙臂帶動雙掌往下一沉，能使對方拔根後雙腳跳起。

如緊接著用雙手按掌或擠勁，對準對方胸部發放，即能使對方往後跌出。

如緊接著轉體，一手用採勁，一手用挒勁，即能將對方向側向跌出。

如轉體是配合往後坐身，即能將對方向我後斜方跌出。

②左掤是用左手腕背與對方肢體接觸，以探測對方虛實之意。

③擠式是往前發放之勁，當用掤勁發現對方有後撤之意，或當對方進攻之勢已竭被我拔根，重心不穩時，我即可用擠勁往前發放。

【分析】

①所謂「拔根」，是指在推手當中運用某種技術，使對方喪失利用腳底摩擦力的能力，從而失去調節身體平衡的能力。當我雙臂帶動雙掌往下一沉的時候，對方手掌受到一個向下的力量，太極拳中叫做採勁。因為對方受力的位置離他的身體比較遠，所以比較容易做定軸轉動。後果就是對方頭部向我採勁的方向運動，身體重心的垂線有超出腳底圍成面積的趨勢。此時，作為人體的本能，對方會自然地調整身體向後退回，以求身體重新回到平衡的位置。

這時，我用雙手按掌或擠勁，對準對方胸部發放，即施加一個水平的推力，這個推力會疊加到對方退後的力量，形成一個合力使對方往後跌出。所以，這不僅僅是我

單純發放對方，還借用了對方自己退後的那部分力量，即借力打人。

② 如果對方在上面的過程中採取了正確的應對，那麼我就不能進行發放，只能繼續變招，以左手腕背與對方肢體接觸，由觸覺來感知對方的運動趨勢。

所謂掤勁，就是掤住，不坍塌的意思，是指為了保持左掤式這個動作（見圖 26），所必須使用的肌肉之力，以保持架構的不變。對方感覺我就像是打足氣的氣球，有一股反彈力，所以叫掤勁。

當由手部的聽勁發現對方有後撤之意或重心不穩時，我即可用一水平推力向前發放。

## 三、攬雀尾

【動作過程】

接左掤擠之後，雙掌微回收，雙肘微往外撐。（圖27）

圖 27　攬雀尾之肘擊

以右腳尖為圓心，身體右轉約 90°；同時右手及右前臂以右軸尖為圓心，向右側畫弧，右手成側掌，食指高與鼻齊，肘關節微微彎曲；左手也成側掌，高度比右掌低一些，離身體更近一些。

　　身體向後坐，使重心完全落於左腿，提右腿往右前方上一小步，腳跟落地，成手揮琵琶之式。（圖 28）

　　右臂內旋，右手成附掌（即掌心向下）；左臂同時外旋，左手成仰掌（即掌心朝上），中指頭輕輕貼於右腕部。

　　右掌往回略往右下捋勁，直至右腰側停止，目視前方。（圖 29）

　　右臂外旋，右掌翻向上成仰掌，左掌隨右腕翻轉向下，中指仍輕輕貼住右腕。（圖 30）

　　身體略微下蹲，右腳斜向邁一小步，腳跟落地，身體重心仍然定在左腿。

　　蹬左腿慢慢形成右弓步，同時右掌向身體前方緩緩伸

**圖 28　攬雀尾之右手揮琵琶**

**圖 29　攬雀尾之捋勁**

圖 30　攬雀尾之翻掌

圖 31　攬雀尾之穿掌

圖 32　攬雀尾之轉掌

出，目光注視右掌後正視前方。（圖 31）

　　身體向右旋轉，兩臂隨身體向右擺，直至身體正面與右臂、右腿成同一方向。（圖 32）

　　右臂內旋，右掌成側掌，掌心向左；左掌隨右掌翻轉，左臂外旋，掌心向右，中指仍輕輕貼住右腕內側。

圖33　攬雀尾之靠

圖34　攬雀尾之單推

　　身體後坐，重心逐漸落實於左腿，右腳腳跟逐漸變成虛點地面；在此過程當中，右前臂及右掌回收，右手成立掌，掌心向左，置於右肩前；左掌及左前臂隨右掌同時回收，掌心向右，中指仍輕輕貼住右腕內側，目視右掌。（圖33）

　　右腳尖向右回扣落地，身體向左旋轉約45°，身體重心逐漸移動到右腿，左腳腳尖點地；右臂內旋，掌心朝身體前方慢慢推出；左掌隨右腕旋轉向前，中指仍輕輕貼住右腕內側；目視右掌前方。（圖34）

【技擊用法】

　　在攬雀尾這一式中，共包含8個技擊動作。

　　①雙掌微微回收，雙肘外撐，是以肘尖向左右擊打或發放對方。

　　②當發現對方從右方襲來時，我即向右方轉體，同時以右掌向右劈擊或粘接其手。

　　③對方用右手或左手，由下襲擊我腰腹部時，可順勢

右掌下按，往下、往右側捋採。

④ 我右腕被對方擒握時，可擰胯擰腕以解脫。

⑤ 當對方欲脫身後撤時，我可順其勢弓步進身，雙掌擠進往前發放。

⑥ 當對方向右轉體以空化我前擠之勁時，可順其勢跟進，雙掌向右橫擺，迫使其向後跌出。

⑦ 當我右臂肘關節被對方托住上抬時，可快速向後坐身，同時將右肘下沉回鉤，使對方拔根並前傾跌出。

⑧ 當對方被我右肘下沉拔根，前傾失勢，欲鬆手向後撤走時，我可立刻翻腕推掌，將其發放出去。

【分析】

① 攬雀尾是緊接著左掤擠之後的動作，我們記得左掤擠的最後一個動作是向前的發勁，這個時候，被發放的一方通常會調整身體向我頂來，以求與我發出的推力保持平衡而不被發放出去。此時，我可以由向前的發勁動作改為順勢雙掌微微回收，撤掉推力，這樣，本來處於相對平衡的一對力就只剩下對方自己的推力了，因為慣性的作用，對方會繼續向其用力頂出的方向前進，正好向我撞來。此時，我雙肘外撐，用肘尖向左或右的方向擊打或發放都可以。

② 在第七個技擊動作中，我右臂肘關節被對方托住上抬，如果我任由對方抬起肘部，將把右邊的肋骨暴露給對方。所以，必須採取措施避免這一結果。當我快速向後坐身，同時將右肘下沉回鉤時，對方因受到向前、向下的牽引力而容易做定軸轉動，因此對方失去平衡而上身栽向地面跌出。

③ 如對方及時調整身體，沒有栽向地面跌出，而是鬆手向後撤走，那麼其身體便開始具有向後運動的趨勢，我

便順勢向其退出的方向發放（即施加一水平推力），此時，我的推力將和對方的撤退之力疊加，形成一個更大的合力，使其後退並跌出。

## 四、單　鞭

### 【動作過程】

緊接攬雀尾動作之後，五指下垂成鉤狀，身體略往左擰動，帶動右臂向左略捋勁。然後身體重心落實於右腿；左腳提起，回收靠近右腳內側略後的地方，腳尖虛點地；同時右手腕背前伸；目視右手前方。（圖35）

上身姿勢保持不動，左腳提起往左後方斜退一步，腳尖虛點地。（圖36）

上身姿勢保持不動，身體往左後坐靠，重心落實於左腿。右腳尖逐漸翹起，腳跟虛點地。（圖37）

身體向左旋轉，右腳尖隨身體內扣落地，同時帶動左手，以左腿為圓心畫弧；目視左掌。（圖38）

圖35　單鞭之勾手

圖36　單鞭之弓步

身體繼續向左旋轉，重心逐漸轉移到右腿，左腳尖翹起。當身體向左旋轉至極限時，身體略右轉，左腳尖落地踏實，重心移至兩腿中間成馬步；同時以腳底帶動胯根，以胯根帶動上身，帶動左臂左掌畫一小圓圈成立掌，掌心向身體左側前方，右手仍成勾手；目視左掌前方。（圖 39）

圖 37　單鞭之弓步退身

圖 38　單鞭之轉

圖 39　單鞭之定勢

【技擊用法】

單鞭的技擊用法有三個：

① 當對方以左掌或拳，向我右胸部襲來時，我右前臂粘其左前臂上，右前臂先外旋後內旋，五指下垂鉤住其左臂內側，向我右外側略微用捋勁，隨即以右手腕背撞擊其左胸部或下頜部。

② 當對方自我背後貼身時，我即以背部向後靠發。

③當對方從我左側或正面用左手向我胸以上部位襲來時，我即以左手腕背粘住其左臂外側，向我左側掤化。當其襲擊之勁落空，身體失去重心時，我立刻翻掌，掌心向外推出，使其往後仰跌。

【分析】

在拳架當中，單鞭要練習的主要是技擊用法中的第二個動作，靠勁。這個動作是依靠人體的重心從右腿移動到左腿產生動能，並且利用右腿蹬地所形成的支撐結構，產生支援力和摩擦力的反作用力來發放對方。（圖40、圖41）

圖40　單鞭之靠勁發放一

圖41　單鞭之靠勁發放二

## 五、斜飛勢

【動作過程】

接單鞭之後，左腳尖內扣，身體向右旋轉，同時以左側後背部向左後側方向後坐靠發；左前臂略上抬，指尖朝上，掌心朝前，置於左側上方，隨身體移動後靠；右手俯掌往右前下按；目視右掌前方。（圖42）

【技擊用法】

這是貼身靠之用法，當我方身體進至對方胸前時，左腳上步插襠，以後背左側貼上對方胸腹部，左肩、肘、臂貼上對方胸肩部，將對方靠發出去。

【分析】

斜飛勢的靠法和單鞭的靠法從力學原理上來說是一樣的，區別在於單鞭的靠是以整個背部來發放對方，由於對方所在位置是自己身後，所以實戰中這種機會並不多見，而且自己不太好控制，另外把後腦暴露給對方也是比較危

**圖 42　斜飛勢**

險的。而斜飛勢相對而言要安全一些，以身體的左後部靠出，左手也可以保護頭部，而且因為對方在自己的側邊，所以發勁的控制也要容易一些。

## 六、提手上勢

**【動作過程】**

接斜飛勢，身體重心仍然在左腿，右腿提起，右腳略回收，腳尖虛點地；同時右前臂上提屈肘，橫置胸前，手臂外旋，掌心朝內，指尖向左；左前臂下落，橫置於胸前右前臂內側，掌心朝外，指尖斜向右上方，兩手腕內側相貼；目視正前方。

右腿提起往右前方，腳跟虛著地；上身保持不動，身體重心仍在左腳。

左腿漸漸蹬直，右膝蓋逐漸弓出，上身平行往前移動成右弓步，成右掤式。（圖43）

上身繼續往前移動，身體重心落實於右腿，右腿坐

圖43　提手上勢之右掤

實。左腳往前上一步與右腳平行，兩腳相距同肩寬；同時雙手徐徐下落置於小腹前，右臂外旋，掌心翻向上，左手俯掌，掌心向下，與右掌心相對，兩掌相疊；目視前方。（圖44）

右臂慢慢上抬並內旋，掌心朝裏，右掌沿著身體中心線向上移動至頭頂上方，翻轉掌心向外；同時左手俯掌按向左胯外側；目視前方。

右手與頭部的相對位置保持不變，上身向前略彎腰。（圖45）

【技擊用法】

提手上勢有兩個發勁動作：

① 當我右手橫臂進入對方胸前，或對方以兩手按住我右前臂有後撤之意時，或對方的前頂、前按之勁被我落空失勢之時，我即用擠勁往前發放。

② 當對方以一手或雙手搭於我右手腕或右前臂之上時，我即上身提起，撐開身弓，抬臂上提，使對方拔根，

圖44　提手上勢之落掌

圖45　提手上勢之定勢

隨之將其向前、向下按掌發放。

【分析】

①第一個擠勁的發放實質上和左掤擠的後半部分動作是一樣的，只是把左掤擠的左手左腳在前改成了右手和右腳在前，即左掤擠改為右掤擠，具體用法參見左掤勢。

②當我兩腳相距同肩寬，左右掌心相對相疊時，對方以一手或雙手搭於我右手腕或右前臂之上，此時我可抬臂以使對方拔根。要注意的是，我切不可僅僅使用手臂的力量抬起，在雙方力量相當時，我方手臂是不可能抬起的。正確的做法是使本來彎曲的雙腿蹬地伸直（注意，不要伸直到最僵直的狀態），使兩腿弓張彈，同時上身脊柱也伸直（同樣不要伸直到最僵直的狀態），使身弓張彈。手臂儘量放鬆上抬，方向不是垂直向上，而是既向前又向上，由手的聽勁隨時注意對方出力的變化趨勢，使自己出力的方向始終通過對方抵抗力最薄弱的地方。在上抬的過程中，一旦發現對方拔根站立不穩時，即刻將其向前、向下按掌發放。

## 七、白鶴亮翅

【動作過程】

接提手上勢，上身繼續向前、向下彎腰，使身體與腿的夾角在 $90°\sim135°$ 之間，然後身體向左旋轉約 $90°$。右臂保持原來姿勢隨身體旋轉，右掌置於頭頂右側，右掌指尖斜向前上方。在轉體的同時，左臂也抬起，掌豎直，置於頭頂左側，指尖斜向前上。兩掌成左右對稱之勢。

將腰身直起，兩臂隨身豎起，上身及兩掌心朝身體正前方，指尖向上；目視前方。（圖46）

圖46　白鶴亮翅之轉身

圖47　白鶴亮翅之亮翅

圖48　白鶴亮翅之落肘

　　上身向右旋轉 90°，兩臂隨身旋轉，上身及兩掌心朝
身體正前方，指尖向上；目視前方。（圖47）

　　兩肘下沉，同時旋轉手掌，使兩掌心向內，置於雙肩
前，手掌的高度與臉部相當，起到保護作用；身體略下
坐，目視前方。（圖48）

【技擊用法】

白鶴亮翅是牽引對方，使其拔根失勢的兩個動作。

① 當對方握住我雙腕並欲牽拉時，我以雙腳的蹬勁及轉胯之勁，將對方忽而左，忽而右，忽而上地牽引，以使對方拔根失勢而傾倒跌出。

② 當我雙肘被托住時，可往下沉勁，使對方拔根，前傾失勢。

【分析】

當我雙肘被托住時，可以身體下坐，同時帶動雙肘下墜，利用身體下落的力量發出下沉勁，同時雙肘一邊下落一邊略靠近身體。使手臂離自己身體的距離減少，使對方手臂離其身體的距離加大。因此，對方的力臂會大於自己的，所以對方更容易做定軸轉動。從而上身前傾，失去重心而站立不穩。

## 八、左摟膝拗步

【動作過程】

接提手上勢，重心移至左腿；右腳稍提起，腳跟懸起，腳尖虛點地；身體向左旋轉，同時右手往左移動成側掌，指尖朝前；左臂內旋成立掌，指尖向上，貼附於右腕內側（食指、中指、無名指指尖）；目視右手。（圖49）

右腳跟外擺落地，身體後坐，重心落實於右腿；同時，左腿提起，腳跟虛著地，兩手隨身後坐回帶；目視右手。（圖50）

當身體坐實於右腳，上身不動，提左腳向左前邁一步，腳跟虛著地；目視右掌。（圖51）

右腿逐漸蹬直，弓左膝，上身往前平行移動成左弓

圖 49　左摟膝拗步之一

圖 50　左摟膝拗步之二

圖 51　左摟膝拗步之三

圖 52　左摟膝拗步之四

步，面朝身體正前方；同時右手側掌隨身體前移伸出，至定式時手臂內旋成立掌，掌心朝前，指尖斜向上，手臂略彎曲；左臂內旋，左掌成俯掌，往下、往左經小腹前畫向左胯側邊，仍為俯掌，指尖向前；同時目光隨右掌往前，至定勢時平視右掌前方。（圖52～圖54）

圖53　左摟膝拗步之五　　　圖54　左摟膝拗步之六

【技擊用法】

左摟膝拗步的技擊動作有兩個：

①當對方以左掌推我右胸部或握住我右腕、手臂時，我往上掤起並略往回牽引，使其拔根前傾或往後回拉，我即刻順其之勢發放。

②當我用引勁將對方引起使之拔根或對方往回拉時，我可順其用力方向，左手俯掌往下、往左採其右臂肘彎處；右手黏住其左臂肘外側，往我左前方發放。也可左手採其右臂肘彎，右手推其左胸部，使其往後仰跌。

【分析】

摟膝拗步的關鍵在於一個引勁之後接的一個發勁。其引勁往上掤起並略往回牽引，由腿、身體的支撐力量牽引對方，不能單純地靠手臂力量牽引。在對方拔根之後，我迅速從虛步轉換成左弓步，利用右腿蹬地形成穩定的三角支撐結構發放。

摟膝拗步分為左右兩式，其原理都是一樣的，僅僅是

手腳的前後位置不同。

## 九、手揮琵琶

### 【動作過程】

接左摟膝拗步後，身體前
移，重心落實於左腿；右腿提
起，右腳上前半步落地。（圖
55）

圖55　手揮琵琶之一

身體後坐，重心落實於右
腿，右腿坐實；左腳尖翹起，
腳跟虛著地；同時右手俯掌往
回、往下，左手仰掌往前、往上。（圖56）

左掌放於胸口之前，右掌置於左肘內側，目光先隨右
掌後隨左掌。然後左臂內旋，右臂外旋，兩掌均翻成側掌
往前略推；左掌心對右方，右掌心對左方，兩掌指尖均斜
向前向上；目視前方。（圖57）

圖56　手揮琵琶之二

圖57　手揮琵琶之三

第三章　太極拳的力學分析

131

【技擊用法】

手揮琵琶是拿住對方的右臂、手腕往前發放的動作。

當對方以右掌或拳向我胸、腹部襲來時，我身體後坐並收腹，以空其拳、掌。同時以右掌黏住其右腕，以左掌黏住其右肘外側，將其右肘上抬，右臂引直，使其右半身被我所制，隨即翻掌往前發放。

【分析】

手揮琵琶的關鍵在於一空一發。當對方以右掌或拳向我胸、腹部襲來時，我必須順隨對方進攻手臂的運動方向略微往我側向牽引，同時右手黏其腕，左手制其肘。此時，因為對方的攻擊被空掉，他會因為慣性的原因前傾而重心不穩，我即可直接從側向發放。

如果對方及時調整，收招回撤，我可借對方回撤之勢，拿住其手臂，利用右腳蹬地，打開身弓和兩手弓迅速向前發放。

## 十、按　掌

【動作過程】

接手揮琵琶，唯一的區別是在做手揮琵琶的時候，左掌心朝上，省略掉向前的發放動作。然後身體略後坐，左胯略向左轉並回收一點；同時將雙手回帶，左臂內旋，翻掌成立掌，掌心對身體前方；右臂外旋，翻掌使掌心朝內，右掌指尖（中間三個手指）貼附於左腕下部。（圖58）

蹬右腿，身體前移，重心移至左腿；左掌隨前移之身體往前推出，右掌仍貼附於左掌，腳尖點地；目視左掌。（圖59）

圖 58　按掌之一

圖 59　按掌之二

圖 60　按掌之三

　　上身姿勢保持不動，坐實左腿，提起右腿，右腳往前並步（上步與左腳並排），兩腳相距與肩等寬。身體重心移至兩腿之間；目視前方。（圖 60）

　　【技擊用法】

　　按掌是我方單掌進入對方胸前時，一個先蓄後發的發

勁動作。

當對方胸部前頂時，我手掌順勢往回一縮，使其頂勁落空，然後我再近身往前發放。

【分析】

通常，當人胸部被單掌前推時，為了維持自身穩定，都會出力頂抗，這是人的自然條件反射。當對方頂抗出力時，我手掌一邊向後撤，一邊略向下放，利用摩擦力使其胸部受到一個向下的力，此時，對方受到慣性和摩擦力的關係，上身便前傾下栽，站立不穩。而我隨即一身備五弓，進行發放，對方向前、向下的力量在遇到我支撐力的合力時，全部反作用於對方自己，形成借力打人的局面。

## 十一、上步搬攔捶

【動作過程】

接按掌之後，上身稍往右擰，左掌指端向右旋轉搭於右腕部，兩掌掌心相合向右、向下，置於右腰一側；目視前方。

上身姿勢不變，重心漸漸移動至右腿，右腿坐實。然後左腿提起往左前邁出一步，腳跟虛著地；目視前方。（圖61）

蹬直右腿，弓左膝，身體前移成左弓步；同時兩手合掌，以左肘為圓心，雙掌畫弧，由右腰側往前置於胸前，手臂微彎曲；目視前方。（圖62）

身體後坐，重心落實於右腿，左掌仍在胸前；同時右掌變拳，隨後坐之身回收於右腰側邊，虎口向上；目視前方。（圖63）

蹬直右腿，弓左膝，身體前移成左弓步；同時右拳往

圖 61　上步搬攔捶之一

圖 62　上步搬攔捶之二

圖 63　上步搬攔捶之三

圖 64　上步搬攔捶之四

前擊出，手臂微微彎曲，高與胸齊；左手立掌，指尖貼附於右腕內側，掌心向右；目視前方。（圖 64）

【技擊用法】

上步搬攔捶包括搬、攔、捶這三個連續的技擊動作。

搬，是將對方進攻來的拳、掌引向一側。當對方以右拳

擊來時，我即以雙掌黏住對方右拳背，向我右側引其落空。

攔，是當對方進攻之手回撤時，我順勢黏進，並將對方手臂、手封住。

捶，即是右拳擊出，直接擊打或發放。

【分析】

搬攔捶是一個典型的「引進落空合即出」的過程。引進落空指的是搬這個步驟，順隨對方來拳的方向引進，同時略微向旁邊牽引，使其攻勢落空。在對方感覺不妙，調整後撤之時，我用雙手或任一隻手順勢黏進，封住對方的進攻線路，為最後的擊打或發放創造條件。

在最後出右拳發放或擊打的時候，必須用右腳蹬地，帶動身體向左轉體，同時右拳打出。這個過程中，不但要讓身體更多的部位參與到運動中，還要形成良好的支撐架構，以穩定自身，充分利用對方的反作用力。

## 十二、如封似閉

【動作過程】

接搬攔捶，左手伸向右肘外側，掌心朝裏，沿右前臂外側捋向右手指尖。在捋的時候，右臂略屈肘，右掌略回收，同時身體向後坐；目視雙掌。（圖 65）

兩掌分開，掌心均朝裏，屈肘，畫向胸前；同時身體繼續後坐，直至全身重心落實於右腿。左腳虛著地；目視雙掌。（圖 66）

兩臂均內旋，雙掌外翻，掌心朝外。隨即蹬直右腿，弓左膝，身體漸漸前移成左弓步；同時雙掌前推，掌心朝前，指尖斜向上，兩肘微微彎曲，掌高齊胸；目視前方。（圖 67）

圖 65　如封似閉之一

圖 66　如封似閉之二

圖 67　如封似閉之三

【技擊用法】

如封似閉有四個技擊動作。

①我擊出的右拳如被對方擒握住右腕時，我即用左掌穿右肘外，往右腕挒去，將對方擒握之手挒開。

②如對方是用左手擒握時，我左掌將其左手挒開後隨

即翻掌，掌心向外，將其左腕按住。同時右手按住其左肘部，蹬右腿進身，雙掌前推發放。

③ 如對方是用右手擒握時，我左掌將其右手捋開後，雙掌往外略分，左手黏其右臂肘內側，右手黏其左臂肘內側，身體後坐，使對方拔根而前傾失勢。然後翻掌按住其胸部，蹬直右腿，進身發放將其推出，使其後仰跌出。

④ 如對方以雙掌推我胸部，我可將雙手穿入其雙臂內側，將對方雙臂的肘部黏住，往兩側略分開，身體後坐，使其拔根前傾失勢，然後翻掌按住其胸部，蹬右腿進身發放。

【分析】

① 在我用左掌穿右肘解脫被擒握之手時，必須配合身體後坐，左掌向前向左，而身體和右臂則一同後退，以此形成的合力才能使被擒握之手得以解脫，而不能單純憑藉雙手的力量去硬搬對方。

② 當對方以雙掌推我胸部時，我雙手穿入其雙臂內側黏其肘部，一邊往兩側略分開，以斷其後勁；一邊身體後坐，以空卸其前推之力。待其攻勢化解，站立不穩時，我才可五弓齊發，翻掌將其向前發放。要記住，沒有化的過程是不能夠強行發放的，那樣正好和對方的前推之力相頂撞，形成頂牛的局面。

## 十三、十字手

【動作過程】

接如封似閉，雙掌直臂下落至兩胯前成俯掌，掌心朝下，指尖向前；目視前方。（圖68）

身體後坐並略右轉，重心轉移到右腿，使左腳尖能夠離地轉動；雙手俯掌隨身體後坐帶回，放置於小腹前。

圖 68　十字手之一

圖 69　十字手之二

圖 70　十字手之三

（圖 69）

　　左腳尖內扣落地，身體繼續右轉，重心落實於左腿。右腿提起略回收，右腳尖置於左腳內側虛點地；同時雙臂外旋，雙掌心翻轉向外，指尖斜向下，放置於小腹前。（圖 70）

圖71　十字手之四　　　　圖72　十字手之五

　　重心落實於左腿，右腿提起斜向邁一大步，腳跟落地；同時雙掌分開，右掌稍低，左掌稍高。

　　左腿逐漸蹬直，身體向右腿膝蓋所對的方向平移，同時右手直臂往右上。（圖71）

　　直至重心完全移動到右腿，左腿提起向右腿併一步，雙腳相距等肩寬。身體直立，重心落實於兩腳之間；同時雙手均往上畫過頭頂兩側，上臂豎直；目視前方。（圖72）

　　兩手均下落，左手畫向右胸前，右手畫向左胸前，左臂在內，右臂在外，成十字相交；雙膝蓋微微彎曲；目視前方或雙掌。（圖73）

【技擊用法】

　　十字手共有四個技擊動作。

　　① 雙掌直臂下落是以雙手握住對方雙臂、肘或腕部下採，可使對方拔根跳起或前傾跌出。

　　② 身體後坐，雙手俯掌隨身體回帶，是當我雙腕被對

太極拳的力學原理

140

圖 73　十字手之六

方擒握時，利用身體後坐之勁，將對方牽引跌出。

③ 右腳邁出一大步，身體下蹲，右手、右臂往右腿前方由下向上，蹬左腳進身的動作，是以右手插入對方襠部，或以手、臂貼住其襠、腹部用靠勁發放。

④ 當我雙肘被對方托住時，可雙臂、肘順其勁往上，然後往中間合攏，再往下掛，使對方拔根而前傾跌出。

【分析】

① 當對方雙手或肘、臂被我控制時，我可後退成弓步，並落下雙手。此時，對方受到一個拉力和一個向下的力量，在此二力的合作用下，對方上身會往前、往下運動，從而失去重心被拔根，或跌出。

② 當對方擒握住我雙腕時，我可利用身體後坐，腿部蹬地所產生的力量，牽動對方跌出。注意，身體後坐時，一定要用腰腿的力量保持合理的受力架構，不要用手去拉拽對方。

③ 第三個動作是靠勁的發放，與斜飛勢的原理一樣，

第三章　太極拳的力學分析

141

只是一個用身體左側進身發放，一個用身體右側或手臂發放。

④ 當我雙肘被對方托住時，可以立刻發一個採勁，如白鶴亮翅中的採勁；也可以如本勢一樣，順勢往上先化勁，再畫一個圓弧回來向下發勁下掛。

## 十四、太極拳拳架實例分析總結

以上我們分析了十三個太極拳的拳式，按照吳式方架第一節的順序作了講解。雖然沒有把所有的拳架講完，但順著這個思路，大家可以想到，太極拳的拳架基本上都包含這些內容。所以，在學拳的時候，一定要搞清楚一招一式的攻防意圖（在招熟的階段一定要記住這些，懂勁之後就無所謂了），搞清楚每一動、每一個發勁背後的力學原理。知道為什麼要這樣去練拳？為什麼要這樣去變化？什麼時候能發勁？什麼時候又不能發勁？明明白白地去練拳，一定能起到較好的養身效果，而且漸漸的功夫上身，還能鍛鍊出一定的太極拳技擊能力。

（註明：太極拳拳架實例分析中的動作、技擊用法這兩個部分，基本上是參照筆者師爺孫南馨所著《吳式方架太極拳》一書中的內容略有修改而來。）

# 第四章　太極推手的力學分析

## 第一節　太極推手的實例分析

　　虛領頂勁，氣沉丹田，不偏不倚，忽隱忽現。左重則左虛，右重則右杳。仰之則彌高，俯之則彌深。進之則愈長，退之則愈促。一羽不能加，蠅蟲不能落。人不知我，我獨知人。英雄所向無敵，蓋皆由此而及也！

　　上句是王宗岳《太極拳論》的一段，其大意如下：在推手或打手時，要保持立身中正，特別頭部要保持正直放鬆，呼吸深長，下盤穩固，身形穩定，不可前俯後仰。自身的勁路（用力情況）、技擊意圖要讓對手不可琢磨揣測。如果對方用力按壓我左手，則我左邊身體和手臂放鬆走化，使對方所用之力不能落實；如對方用力按壓我右手，則我右邊身體和手臂放鬆走化，使對方所用之力仍然不能落實。對方勁力向上走，我則把它引至更高的虛處，使之無法落實；對方勁力若往下走，我則把它引向更深的空間。對方勁力向前逼近，我則將其引向更遠的後方，使其依然無法觸及；如對方退卻，我則趁勢進逼，使其退卻更加倉促。這就好比，羽毛再輕、蚊蠅再小，它們的力量我也不會去承擔，何況是人的大力來襲？別人不知道我的這些變化，而我卻瞭解對手的一舉一動。英雄之所向無敵的功夫，都是由這種方法，循序漸進地練習才達到的。

王宗岳這段話可以說是太極拳推手的總的指導原則，是英雄所向無敵的必由之路。一羽不能加，蠅蟲不能落，是一種理想的高級境界，能不能達到暫且不論，但以此為前進的目標，則毫無疑問是非常正確的。

不管是推手訓練還是散手的比試，應該經常自覺地檢驗自己是否按照這一條在做，如若不然，則容易走入偏門，迷失方向，功夫也就無法長進。

## 一、推手基本功

### （一）單推手

#### 1. 單推手的意義

太極拳的練家通常把拳架稱為練「體」，是鍛鍊「知己」的功夫；而把推手稱為「用」，是鍛鍊「知彼」的功夫。「知己」和「知彼」分別是拳架和推手訓練的兩個根本方向，如果偏離了這個目標，則太極拳的路子就不對頭，這一點請讀者必須留意。

單推手是在太極拳拳架有了一定的基礎，初步掌握了中正安舒，勁起於腳，周身一家的功夫之後，進入推手訓練的第一個步驟。是太極推手的基本功之一，也是培養聽勁的必經之路。

對於推手來說，拳架中的所有要求在推手的時候也應該做到。由於推手是兩個人在互動，因此這些要求比在拳架中更難做到。比如放鬆的要求，可能在練習了一段時間太極拳後，覺得自己的動作已經比較柔和鬆軟了，但在推手的時候，對方的手搭在你的手或身上，雙方的身體、手腳還要不停地運動，這個時候還想保持鬆柔就不太容易

（页边直排）太極拳的力學原理

144

了；另外，如果對方突然發力，用力進逼，自己想在保持身形穩定的同時還要保持鬆柔那就更難了。即便如此，拳架中的一些要求，在推手的時候也要盡力去做，只有這樣才會有所進步。

簡單地說，單推手就是兩人各出左手或右手相搭（相接觸），畫圓圈，俗稱打輪。由這種畫圓的運動，用觸覺去體會感知對方運動的變化趨勢，以鍛鍊自身的聽勁功夫。並在這種簡單的運動當中，學習初級的找勁和化勁功夫，為後面的雙推手以及四正推手打下紮實的基礎。

2. 單推手的動作

（1）預備式

甲乙兩人相對站立，兩腳自然分開等肩寬，雙方相距約兩步的距離。身法要求與太極拳的無極式一樣。保持中正安舒，頭正，身直，鬆肩，鬆胸，鬆胯，雙手自然下垂於大腿兩側。全身放鬆，目視對方。（著深色服裝者為甲，著淺色服裝者為乙）（圖74）

**圖74 單推手之預備式**

（2）單搭手

甲乙雙方右腳均往前上一步，右腳內側相對，相隔約一腳左右的距離。體重大部分由後腿承擔，所謂前三後七之勢。

甲乙雙方各伸出右臂，右腕背輕輕相貼，於咽喉部位高度相仿。手臂略微彎曲，肘部下垂。左手不動，仍然垂於大腿左側。（圖75）

（3）甲按乙捋

甲右腕內旋，翻右掌心向外，按住乙右腕背部，弧形略往右再往前，對準乙胸部中心按去。同時蹬左腿、弓右膝，重心前移。目的是使乙後仰跌出。

此時，乙順甲之按勁，以右腕外側黏住甲之右腕外側，弧形略往左、往回再往右捋勁，將甲之右掌捋向身體右外側。同時身體後坐並向右轉胯轉體。目的是使甲之右按掌落空，並前傾跌出。（圖76）

圖75　單推手之單搭手

圖76　單推手之甲按之捋

（4）乙按甲捋

當甲右按掌被乙引向身體右側即將落空時，立即停止前按，順乙之勁弧形往左、往回。

乙當甲右掌停止前按並向後回收時，立刻右腕內旋，右掌心翻向外，按住甲右腕外側，弧形略往右，再往前，對準甲胸部正中位置推去。同時蹬左腳、弓右膝，身體重心前移。目的是使甲後仰跌出。

甲當乙右掌變按勁往胸前推來時，立即順隨乙之按勁，右腕外旋，以右外側黏住乙之右腕外側，弧形略往左、往回、再往右捋勁，將乙之右掌捋向身體右外側。同時身體後坐並向右轉胯轉體。目的是使乙之右按掌落空並前傾跌出。（圖77）

以上是甲按乙捋轉為乙按甲捋的動作，正好每人進攻畫半個圓，防守畫半個圓，合起來就是一個整圓。如此這般不斷循環往復的練習就可以了，然後換一邊手腳再練。儘量讓兩邊保持同樣的運動量。

圖77　單推手之乙按甲捋

### 3. 按勁和捋勁

掤、捋、擠、按，是太極推手中四種不同的勁別，單推手、雙推手和四正推手練的就是這四個勁。因為在用力的方向，以及推手中的用法上有不同而畫分成四種。實質上，太極推手中勁別的畫分是比較含糊的，一個勁別的方向可能是向下，但有時候又可以成為向前。在散手中其變化就更多了，對於高手來講，其勁別的變化和轉化極快，一個同樣的動作可以包含幾個勁別在裏頭，想法一變勁道就變了，那就更沒法說清楚到底用的是哪一種勁了。所以，只有在推手基本功當中才能比較清楚、簡單地說明這個是什麼勁。

太極拳中的勁到底有多少種？答案分別有一種勁，兩種勁，八種勁，直到上百種之多。到底哪個說得對，那就得看畫分勁的標準是什麼。

如果根據拳論中的：「其根在腳，發於腿，主宰於腰，形於手指。由腳而腿，而腰，總須完整一氣……」這句話來說，太極拳的勁就只有一種，因為所有的勁都是這樣來的，無一例外。

如果根據太極拳的陰陽論來說，那麼太極拳的勁就是兩種：勁分陰陽，那自然就是有陰勁和陽勁了。

如果根據掤、捋、擠、按、採、挒、肘、靠來畫分，那太極拳的勁就分成八種。

如果承認上面的這些勁別，再加上什麼整勁、纏絲勁、渾圓勁、驚炸（力）勁、冷彈勁等，那自然就有上百種之多了。

其實對於勁來說，我們只需要知道太極勁的來源是「其根在腳，發於腿，主宰於腰，形於手指。由腳而腿，

而腰，總須完整一氣……」就行了，其他任何勁別的變化都是由此而產生的，都是功夫到達一定程度後自然而然的事情。然後，在學習推手的時候，遵照傳統的掤、捋、擠、按、採、挒、肘、靠來學習，就可以逐漸理解其中的變化和奧妙。

在這裏，先來瞭解按勁和捋勁分別說的是什麼。

按，就是往下按的意思，意味著按勁的主要方向是向下的。但是在單推手中，按是指有略微按意，以控制對方手腕部，主要方向是向前推進的意思。在這裏，按和推是一起的。

捋，從用力的方向上看就是向身體兩側運動，目的是使對方來力改變方向，作用不到自己身上來。捋跟橫推、生拉硬拽是有區別的。其區別之一是，要用太極拳的要求來完成這個動作，不能僅僅憑藉手臂的蠻力。其區別之二是，當對方來力指向我時，我捋的方向最好是在對方這條力線被分解的 90°內（圖 78），這樣利用到對方的慣性，可以借到對方自身的力量，既能保證輕鬆完成動作，又能輕易將對方引向空處而失勢。

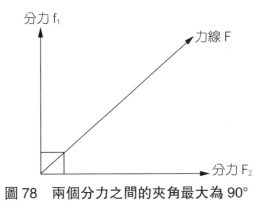

圖 78　兩個分力之間的夾角最大為 90°

再來看單推手的動作就會明白：當甲對準乙的中線推按時，乙方就儘量用捋的方法化勁，將其勁力引向空處；反過來，當乙對準甲的中線推按時，甲方也同樣用捋的方法化勁，使其力作用不到自己身體。

4. 單推手的要點

① 中正安舒，鬆靜自然，以及一些在拳架中對身法的要求同樣要在推手中得到保持，上身不允許前俯後仰，左右歪斜。

② 雙方手腕相貼之處，要輕，要儘量保持其接觸的力為定值。且必須有輕微的粘連在一起的感覺。術語叫「掤勁」。這種勁道的取得是在人體保持鬆靜自然的狀態的同時，保持身形不變的情況下得到的。人體的一進一退都是由腳開始作用，而不能僅僅憑藉手臂肌肉的作用得到。

③ 在按掌推對方時，必須儘量保持身體的鬆柔，少用肩臂之力，做到勁起於腳。由自己身體重心移動的能量來逼迫對方。在前進的過程中，要細心體察對方力的變化，摸到對方的中心，在順隨對方勁力的同時逼進，不要憑藉自己的主觀願望強行用硬力推進，那只會讓自己限於被動挨打的狀態。

④ 在回捋化勁的時候，始終保持腕部的粘連，做到不丟不頂。即由自身的坐身、轉體的動作，引導對方的來力方向，使其指向我身體右側空曠之處而落空，所謂「守中用中」。一定不要用手臂之力生拉硬掰對方的手，那只會對自己更加不利。

⑤ 在化勁的時候，手腕接觸點只有在走曲線的情況下才能順勁借力，改變對方作用力的方向，引其勁力落空。這相當於利用了對方來力的一部分分力，起到了借力的作

用。因為總有一方在化勁走曲線，所以，雙方接觸點的進退軌跡都必定走曲線畫圓，絕對不是直進直退的走直線。

　　單推手看似簡單，但的確是太極推手的主要基本功夫。一定要嚴格按照要求循序漸進地練習，要把握住上面所說的要點去練習。光學會一些動作，而不按照要求來練，僅僅是依樣畫葫蘆般的畫動作，是練不出太極推手的功夫的。而沒有太極拳架的基礎而直接學習單推手，則一定是事倍功半的。

　　如果有拳架的基礎，然後循序漸進地練習單推手，3～5個月後，初步去掉兩手、兩臂的僵勁後，就可以開始進行雙推手的練習了。

## （二）雙推手

### 1. 雙推手的意義

　　雙推手是在單推手的基礎上進一步訓練柔化以及聽勁的第二步推手基本功。

　　在單推手的訓練過程中，感覺最靈敏的手腕部位已經有了初步的聽勁和柔化能力。所以雙推手把單推手的一個接觸點增加為三個，從一個點的控制改為三點兩段的控制。當右手腕部與對方右手腕部相貼時，自己的左手則要輕輕貼住對方的肘部，而對方的左手則要輕輕貼住自己右手的肘部。除了這個區別外，其他的要求和動作都與單推手相同。因為接觸點增加到三個，所以，必須照顧到這三個點的陰陽變化，其難度要比單推手大一些。而且肘部的感覺靈敏度遠遠不如手腕來的好，所以，要做到粘黏連隨就更加困難了。

## 2. 雙推手的動作

### （1）預備式

甲乙兩人相對站立，兩腳自然分開等肩寬，雙方相距約兩步的距離。身法要求與太極拳的無極式一樣。保持中正安舒，頭正，身直，鬆肩，鬆胸，鬆胯，雙手自然下垂於大腿兩側。全身放鬆，目視對方。（同單推手預備式一樣，圖略）

### （2）雙搭手

甲乙雙方右腳均往前上一步，右腳內側相對，相隔約一腳左右的距離。體重大部分由後腿承擔，所謂前三後七之勢。

甲乙雙方各伸出右臂，右腕背輕輕相貼，與咽喉部位同高。手臂略微彎曲，肘部下垂。左手以掌輕輕貼住對方右手肘部。（圖79）

### （3）甲按乙捋

甲右腕內旋，翻右掌心向外，按住乙右腕背部，左掌

**圖 79　雙推之雙搭手**

圖 80　雙推之甲按乙捋

按於乙右肘上部，拿住乙右手前臂，弧形略往右再往前，對準乙胸部中心按去。同時蹬左腿、弓右膝，重心前移。目的是使乙後仰跌出。

　　此時，乙順甲之按勁，以右腕、右肘輕輕承接住甲雙掌之按勁。同時以右掌外側搭於甲右腕部，左掌扶於甲右肘部，順甲之來勁，弧形略往左、往回再往右捋勁，將甲之右掌以及右前臂捋向身體右外側。同時身體後坐並向右轉胯轉體。目的是使甲之按勁向右側落空。（圖80）

　　（4）乙按甲捋

　　當甲雙手前按之勁被乙引向身體右側即將落空時，立即停止前按，順乙之勁弧形往左、往回。

　　當甲雙掌停止前按並向後回收時，乙立刻右腕內旋，右掌心翻向外，按住甲右腕外側，左掌心按住甲右肘，雙掌弧形略往右再往前，對準甲胸部正中位置推去。同時蹬左腿、弓右膝，身體重心前移。目的是使甲後仰跌出。

　　當乙雙掌變按勁往胸前推來時，甲立即順隨乙之按

圖 81　雙推之乙按甲将

勁，以右腕、右肘輕輕承接住乙雙掌之按勁，同時右腕外旋，以右外側黏住乙之右腕外側，左掌則按住乙右肘部，弧形略往左、往回、再往右将勁，將乙之右前臂将向身體右外側。同時身體後坐並向右轉胯轉體。目的是使乙之雙按掌落空。（圖 81）

3. 雙推手的要點

雙推手的要點同單推手幾乎完全相同，但因為接觸點從一個增加到三個，所以必須要同時照顧到這三個點上的粘黏連隨，必須儘量保持這三個點上的支持力為定值，做到不丟不頂。「丟」意味著點上的支持力在減小，表示自己黏勁不足，跟不上對方的變化。「頂」說明點上的支持力變大，表示用力太過，柔化不夠。在又「丟」又「頂」的狀態下必然無法聽勁，也就無法正確判斷對方的攻防意圖，從而陷於被動挨打的地步。所以，儘量地保持住粘黏連隨、不丟不頂的狀態，這是練習的關鍵。

其他的要點請參照單推手要點這一部分。

因為有單推手的基礎，所以練習雙推手1～2個月之後就可以開始四正推手的練習了。

### （三）四正推手

#### 1.四正推手的意義

四正推手是在熟悉雙推手之後才能進行的推手基本功訓練。四正推手是太極拳推手的主要鍛鍊形式。前面講過的單推手和雙推手，它們接觸點的運動軌跡都是一個平面，所以有平圓單推手、立圓單推手、平圓雙推手、立圓雙推手的不同形式。但不管是什麼圓，它們都是在同一平面運行的。而四正推手的接觸點的軌跡卻是運行在一個立體的空間，這和散推手、散手實戰已經沒什麼區別了。所以四正推手如果練得好的話，在散推手和散手實戰時也必定能夠從容應對。

四正推手是以掤、捋、擠、按四個勁，相互制約、化解，相互轉化，形成循環、連綿不斷的練習方式。從四正推手中可以完全體現出太極拳用勁之巧妙，體會陰陽變換的道理。練習者細心體會琢磨，自可明瞭太極之妙趣。

#### 2.四正推手的動作

##### （1）預備式

甲乙兩人相對站立，兩腳自然分開等肩寬，雙方相距約兩步的距離。身法要求與太極拳的無極式一樣。保持中正安舒，頭正，身直，鬆肩，鬆胸，鬆胯，雙手自然下垂於大腿兩側。全身放鬆，目視對方。（同單推手，圖略）

##### （2）右掤式

甲乙雙方右腳均往前上一步，右腳內側相對，相隔約一腳左右的距離。體重大部分由後腿承擔，所謂前三後七

之勢。

甲乙雙方各伸出右臂，右腕背輕輕相貼，與咽喉部位同高。手臂略微彎曲，肘部下垂。左手以掌輕輕貼住對方右手肘部。（圖82）

（3）甲右捋式

甲右手承接乙右手之掤勁，右臂內旋，弧形往回、往右略往下引。右掌翻轉向下，搭於乙右腕背部，左手扶於乙右肘上，順乙之勢，將乙之掤勁捋向右側。同時身體後坐並向右轉體。（圖83）

（4）乙擠式

乙當前掤之右臂、手被甲回捋時，立即變弓步進身向前（腳不動，逐漸成右弓步），右腕和右肘部保持與甲雙掌的粘黏接觸。在甲上身後坐化勁，其前腳即將全虛（重心落實於後腿），而乙自身即將往左前傾失勢時，即刻將腰胯右轉，右肘彎曲，橫右前臂於甲胸前，左掌則貼於右肘彎內側，掌心貼手臂。兩臂環抱，往甲胸部正中位置擠

圖82　四正推手之右掤式

圖83　四正推手之甲右捋式

圖 84　四正推手之乙擠式

圖 85　四正推手之甲按式

去，並繼續弓步進身，目的是逼迫甲身體後仰而跌出。（圖 84）

（5）甲按式

當乙兩臂環抱，合力往胸部正中位置擠來時，甲兩手掌輕扶於乙兩肘彎上，順乙前擠之勁，坐身，並向左轉胯。同時輕輕將乙之擠勁引向自己身體左側，使其落空失勢。當乙之勁力回收時，則順其勁將乙前按推出。（圖 85）

（6）左掤式

乙當勁力回收被甲推按時，順勁身體後坐，同時先向右轉胯，再向左轉胯，以左手腕接住甲左手腕，右掌則扶於甲左肘部，兩臂隨轉胯的動作一同弧形先往後、再往上往左運動，雙方左腕背相貼，右手則各扶於對方左肘部成左掤式。（圖 86）

（7）乙左捋式

動作請參照（3）甲右捋式，不同之處只是甲、乙的左

圖 86　四正推手之左掤式

圖 87　四正推手之乙左将式

圖 88　四正推手之甲擠式

手、右手互換。（圖 87）

（8）甲擠式

　　動作請參照（4）乙擠式，不同之處只是甲、乙的左手、右手互換。（圖 88）

（9）右掤式

　　動作請參照（6）左掤式，不同之處只是甲、乙的左

手、右手互換。

圖片與動作（2）右掤式相同。

當動作做到（9）右掤式的時候，可以發現這和剛開始的右掤式的動作是一樣的，然後就可以重新開始一次循環，反覆練習。在這些動作當中，還有一個換手的動作，這裏就不做說明了，待動作熟練後自然就能很快領會。

3. 掤勁和擠勁

在單推手中我們知道了按勁和捋勁，這裏我們來看看掤勁和擠勁：

掤，意思是像搭帳篷的骨架一樣，能把帳篷撐住，不至於坍塌。所以掤的意思也就是要保持一個良好的受力架構。以四正推手中的右掤式為例，甲乙兩人都是右掤式，單獨看每個人，以重心垂線的垂足為一個支點，手腕的接觸部位為一個平面，在平面上找一個中點。連接這兩點成一條線段，這條線段就是支撐線（圖89）。一旦受力，這

**圖89　四正推手之右掤力線**

條支撐線在 90°內的任何方向都能產生一定的反作用力，因為支撐線的方向是向前且向上的，所以，通常掤勁被理解為一種向前且向上的勁。僅僅只保留這個架構就行，這就是掤勁的真正含義。

另外，我們可以根據支撐線的傾斜度大小來判斷兩人的穩定程度，或者說根據角 a 和角 b 的大小來判斷兩人的特定方向的穩度。圖中角 b 略大於角 a，所以，在水平方向上，乙方的穩度略大於甲方。

要注意的是，掤勁的架構保持是靈活的，是能夠隨時轉換的。當感覺對方力太大，我方架構難以維持，或者我方因為用力太大（為保持架構而必須用力）而動作僵硬之時，就必須立即轉換為其他的勁道走化，而不能與對方硬扛。

擠，如果從方向上來區別，很難把擠和推區分開來。但想一想我們小時候和同伴玩耍時，因為天氣冷，很多人擠在一起嬉戲取暖，雙手環抱胸前，然後用身體向前、向左或向右去推擠身邊的同伴。擠，就是指這個用身體推擠的過程，主要通過腿和身體用力，而不是手臂推，並且擠不像推那樣，一口氣推出去就完事了。「擠」要像長江後浪推前浪一般，有一浪接一浪的能力，一下不行還有接下來的兩下、三下，只要身體、手臂還有開展的空間，就可以不斷地擠下去。這就是推和擠的區別。至於是向左、向右還是向前用力，僅僅是方向的不同而已，只要是符合上面的要求就是擠。

在四正推手中，擠主要是向前擠出，目的是使對方身體後仰，重心垂線移出支撐面外而後仰跌倒。

4.四正推手的要點

四正推手要繼承單推手和雙推手的所有要求，也就是

說單推手和雙推手中的要點在四正推手中也必須同樣遵守，這裏不再復述。

不丟不頂在四正推手中表現得更加明顯。如，雙發都從掤勁開始，必然在一瞬間產生一種頂抗的狀態，但隨即必有一方聽勁敏感，或實力稍弱，或主動走化以尋找機會。所以，一方在短暫的頂抗後，立即用捋勁走化。走化的時候，用手臂承接對方一定的力量，並且在整個推手過程中儘量保持三個接觸點的支持力為定值。功夫越高者，所需支持力就越小，支持力的大小變化也越小。這種不丟不頂的狀態正是我們所要追求的。

## 二、自由推手的化打（散手運用）

在太極拳架有一定的水準，掌握了立身中正、周身一家以及運勁和發勁的功夫後，再透過一定時間的傳統太極推手的基本功訓練，就可以開始自由推手（即推散手）的練習了。前面講過：「所謂散手，就是在保持粘連的基礎上雙方自由進攻，沒有招式限制，以打動對方並保持自身穩定為目地。散手最基本的規則是保持上肢的粘連狀態並不得使用打擊手法。」由此可知，散手的招法甚多，且沒有固定的套路可言。

太極拳的自由推手形式，千變萬化。但歸根結底，就是「化」「打」二字。化者，引勁落空之謂；打者，即借力打人。拳論講：「雖變化萬端，而理唯一貫。」這「一貫」實指懂得陰陽而言。陰，就是化；陽，就是打。如何正確運用化打，就是太極拳的功夫所在。（註明：此段引用來自《太極拳推手的理論訓練與實作》一書，孫南馨著，這一段話簡潔地闡明了太極推手的本質，筆者本人實

在是找不到更好的語言來描述，所以必須整段引用。其中「理為一貫」的「一貫」在推手中當做陰陽和化打來理解，是正確且簡單明瞭的表述。）

既然自由推手形式多變，意味著招法也種類繁多，用於進攻的手段數不勝數，用於應對的手段也是一樣。當對手用一招進攻的時候，我必然也有一招可以正確應對。而實際上，應對的方法應該有無限多種。因為對手一旦出招，陰陽即現，那麼在三維立體的空間裏，除了那強勢的一點或一線之外，其他的地方都是我可以應對和變化的可利用空間。只要所用的化打方法正確，符合力學原理，且符合太極拳理就行。

應敵化打的招法，並不是用某招對某招這種固定不變的形式，因為往往外表看上去是同一個招式，由於勁道的不同（用力的大小、方向、對方的站位、身體姿勢等等都不同），那麼應對的方法就必須隨之改變。

所謂「因敵變化示神奇」，高明的太極拳家化打不拘一格，信手而出，變幻莫測，所以，下面的化打方法僅僅是供初學者理解化打的實際問題，看看力學原理在裏面是如何被巧妙利用的。

## （一）自由推手的基本進攻方法——雙掌推按

在學習化打之前，我們先來看一下自由推手基本進攻方法之一的雙掌推按。

雙方以右掤式搭手，在互相打幾輪圈經過幾番試探後，甲方的雙手有機會貼到乙方的胸前或腹部，此時，甲方即刻一腳上步，踏入到乙方兩腳之間，後腳用力蹬地，身體平行往前移動。當兩腿已經成為弓步的時候，身體停

圖90　雙掌推按

止前進，與此同時做出一身備五弓的動作，雙掌前送。利用身體前移產生的動能，以及雙腿蹬地產生的反作用力，使乙方騰空跌出或騰跳跌出。（圖90）

## （二）雙掌推按胸部的化打

知道了如何進攻後，我們來看看如何防守。通常，當太極推手的初學者遇到這種雙掌推按時，多少會犯丟、頂的錯誤。頂，就是拼命用力，渾身鼓著勁，不願意退後半步，這時就形成頂牛的局面，力大者勝。但由於進攻者先得機勢，進攻在先，所以任被推者如何抵抗，終究還是比較被動。丟，與此相反，習練者為了不犯頂的錯誤，不做任何抵抗，任由對方推出，雖然沒犯頂的錯誤，但讓進攻者的目標得以實現，而且由於缺少反擊的手段，仍然陷於被動挨打的狀態。所以，丟和頂都是不可取的。

正確的應對方法之一——太極起勢之往前發放化打：

當甲方的雙手正準備貼到乙方的胸前時，乙方預先判斷

出甲方意圖，立即弓步進身，雙臂上抬，緊貼於甲雙臂下側，往前、往上先行發勁，使乙往後仰跌。此動作相當於太極拳起勢的掤勁動作，動作雖然簡單，但要求有正確的判斷和時機的把握，所以完成起來要求還是比較高的。（圖91）

應對方法之二——單掌往前發放

當甲方的雙手剛剛貼到乙方的胸前時，乙立刻向左（或右）轉胯轉體，並成弓步進身，同時雙掌輕輕扶住甲方雙肘的外側，用左掌（或右掌）往右前（或左前）單掌前推發勁，使甲向左後（或右後）跌出。如甲左掌力量大，則乙向右轉胯，以左掌前推發勁；如甲右掌力量大，則向左轉胯，以右掌前推發勁。如雙掌力量相當，則向左、向右打出均可。（圖92）

應對方法之三——左右将勁化打

當甲方的雙手剛剛貼到乙方的胸前時，乙方立刻用雙掌輕輕扶住甲方雙肘的外側，以聽勁來感受甲方的動靜變化。當甲方開始往前推按的時候，乙方立刻向左或向右轉

太極拳的力學原理

164

圖91　太極起勢之往前發放化打

圖92　單掌往前發放

胯轉體，雙手跟隨身體的轉動同時打出捋勁，使甲推按落空而跌出。此動作要用聽勁判斷甲方推進的時機，同時要感受出甲雙手哪隻手的力量更大（一般人的雙手力量都是有差距的，不太容易做到雙手非常平均），如甲右掌重，則乙身體向左轉打出，如甲左掌重，則乙身體向右轉打出，如雙掌力量相當，則向左、向右打出均可。（圖 93）

應對方法之四——退步採勁化打

當甲方推按的動作比較快，乙方的捋勁還沒有打出的時候甲已經推出，致使乙方沒有機會按上面的應對方法三發出捋勁。這時，乙方上身一定要儘量放柔軟，以延長甲方推力的作用時間，從而減小推力的大小，與此同時，主動向後撤退一步或數步，以緩解衝力，扶住甲雙肘的手掌往腳下打出採勁，使甲向前、向下落空而前傾跌出。此動作是不得已而為之的做法，有機會做這個化打的動作，表示雙方水準相當，或己方聽勁還不夠好（相對於對方而言），應該繼續下工夫。（圖 94）

圖 93　左右捋勁化打

圖 94　退步採

圖95　雙掌上托化打

應對方法之五──雙掌上托化打

當甲方的雙手剛剛貼到乙方的胸前時，乙方立刻用雙掌輕輕扶住甲方雙肘的外側，以聽勁來感受甲方的動靜變化。當甲雙掌推進時，立刻將雙手仰掌伸到甲上臂的下側，順甲之推勁，身體後坐，上身略後仰，並向左（或向右）轉體轉胯，與此同時雙掌上托，將乙往左後（或右後）放出。身體後坐，轉胯，以及雙掌的上托發放動作，都必須與甲雙掌的前推之勁同時同步進行，只要聽勁沒問題，此動作是比較容易做到的。（圖95）

## （三）雙掌推按腹部的化打

當防守的一方胸部防守嚴密而腹部漏出空隙時，或者上身為躲避胸部推按而後仰，腹部前挺時，進攻方就可以用雙掌推按其腹部來進攻。對於腹部的化打，其運用原理和胸部的化打是一樣的，只是因為雙方的身體姿勢、手腳相對位置與胸部的化打不同，所以化打的手法上有些變

化。

1. 下採化打

甲方雙掌按向乙方腹部，乙方在甲之雙掌剛剛貼到腹部或者還未貼到腹部時，預先判斷出甲的進攻意圖，立刻用雙手握住甲的雙腕，將其雙臂下採，同時身體後坐略向右（左）轉胯，使甲前傾並向左（右）或向下跌出。（圖96）

2. 後坐化打

甲方雙掌按向乙方腹部，乙方在甲之雙掌剛剛貼到腹部或者還未貼到腹部時，預先判斷出甲的進攻意圖，即刻用雙掌搭在甲的雙肩後側，身體後坐並向右（左）轉胯。在甲發力前推的同時用雙掌將甲身體向右（左）側順勢撥帶出去，使甲往右（左）側前傾跌出。（圖97）

3. 沉肘化打

甲方雙掌已經貼到乙方之腹部，乙方則立刻用一前臂貼住甲一前臂，手扶住其肘部內側，另一前臂也貼住甲一

圖96　下採化打

圖97　後坐化打

前臂，手輕輕按住其肘部外側，以靜待動，等待甲之變化。當甲發力前推之時，乙方立刻雙肘下沉，身體後坐並向一側轉胯，使甲向左（右）前傾而跌出。（圖98、圖99）

以上這些是應對雙掌按胸及按腹的幾種化打的基本方法，實際上，應對的方法並非只有這麼幾種，還可以有其他的多種變化。在散手運用中，可以根據實際情況靈活選用合適的化打方法。在一方運用上面的化打方法後，另一方如果應對得當，不但不會被發放出去，還可以有反打的手段，從而形成連綿不絕的攻防轉化。所以太極推手的攻防手段是相生相剋，相互轉化的，不存在最厲害的招式或無法破解的招式。

與此相對應，當雙方的功夫相差太懸殊的時候，功夫高的一方簡簡單單的一招出手，功夫低的人則無論如何都破解不了，只有挨打的份。這不是說招數太過厲害，而是使用招數的人太過厲害的緣故。

圖98　沉肘化打一

圖99　沉肘化打二

# 第二節　太極推手在自衛防身中的應用

太極推手在自衛防身中的應用主要是應對於有接觸的擒拿，肢體被控制的情況當中，對於一上來就拳打腳踢的脫手狀況則不予考慮。因為在日常生活中發生的衝突一般都屬於較小規模的衝突，多半從肢體上的拉扯，企圖控制對方這種動作開始，最後才會升級到拳腳的地步。如果在肢體衝突開始的時候就合理地應對，那麼這種衝突基本上就能夠控制，不至於發展到最後的太過暴力的階段。

另外，如果能夠較好地運用太極推手去化解對方的擒拿和控制，那麼也就知道如何應付對方的拳打腳踢了，所以，下面僅僅講解一些非脫手情況下的反擒拿、反控制技巧。這些技巧是根據太極拳的理論來的，它與傳統的擒拿和反擒拿的概念是不一樣的。

傳統的擒拿和反擒拿通常都是招招對應的。就是說，見到對手一招擒拿，那麼你就必須規規矩矩按照反擒拿的招式應對。其結果就是，用於反擒拿的招數就那麼一招或幾招，不管對方是什麼人，也不管對方的水準高低，只要對方出一招，你就必須用這麼一招或幾招應對。哪怕對方是不同的人，只要招數相同，你的反擒拿招法也必定相同。

而太極拳的應對方法是不一樣的，太極拳要考慮的是對方當前的狀態，力的變化趨勢，以及我方目前的狀態。根據這些情況，做出合適的應對。不要說不同的人用同一招的情況，就算是同一個人用同一招，每次出招時，其身型、步法、力的變化趨勢、心中的想法等等都會有或大或小的差別，根據這種差別，太極拳就可以用不同的方法來應對。所

以太極拳的化法不拘一格，變化多端，更加靈活有效。

## 一、太極拳反擒拿的根本原則

太極拳反擒拿的根本原則是捨己從人，要順隨對方的變化而變化，不要用手腕、手臂等局部肌肉力量去頂撞、拉扯。同時注意順隨之中有不順隨，如果完全捨己從人，則讓對方的攻擊意圖得以實現，那是沒有意義的。

正確的做法是用聽勁判斷出對方的企圖後，順隨對方的來力，始終把自己的身體、手臂擺放到舒適、關節活動留有餘地的地方，同時把對方的手臂、手腕引導到其反關節、無法活動、背勢的位置（這裏就是不順隨的地方），從而使自己得以解脫而對方自然受制。

## 二、手腕被擒的化解

### （一）單手對單手的化解

方法一　抬手別腕

甲方用左手抓住乙方右手，甲方虎口朝上。此時乙方鬆肩墜肘，前臂抬起到胸部附近的高度，使甲方左手肘關節完全打開伸直，然後乙方手臂保持與身體的相對位置不變，然後向左方轉胯轉體，甲方即因為手腕和肘關節處於反關節的位置而不得不放手。（圖100～圖102）

圖 100　抬手別腕一

圖 101　抬手別腕二

圖 102　抬手別腕三

圖 103　旋臂別腕一

圖 104　旋臂別腕二

方法二　旋臂別腕

　　乙方手臂放在胸前的時候被甲方抓住手腕部，此時乙方鬆肩墜肘，前臂放鬆下墜，然後以甲方身體為一平面，前臂逆時針畫半圓。甲方即因為手腕和肘關節處於反關節的位置而不得不放手。（圖 103、圖 104）

　　**注意**：方法一抬手別腕和方法二旋臂別腕最重要的區別是，當乙方手臂抬至胸前時，方法一抬手別腕中甲方手

圖 105　鬆肩壓腕一　　　　　圖 106　鬆肩壓腕二

掌心的方向是朝上的，而方法二旋臂別腕中，甲方的手掌心是向下的，此兩種動作如果搞反，就沒有解脫的效果了。

　　方法三　鬆肩壓腕

　　乙方前臂立在胸前的時候，甲方用左手抓住乙方右手，此時可以轉到上面方法二來化，也可以立刻鬆肩墜肘，手臂整個往下放，或者身體同時略微往下沉。甲方即因為手腕關節承擔不了我身體的重壓，而不得不放手。（圖 105、圖 106）

　　以上僅僅講解了單手化解的基本方法，在實際運用中要靈活運用才行。比如在方法一中，最好是在甲方的左手肘關節完全打開伸直後再完成解脫動作。但如果甲方自恃力大拉住乙方，肘關節沒有完全打開。此時乙方絕對不能去硬拉，只需要順從甲方的拉力順勢上步，同時手臂一邊上抬，身體一邊向左方轉體轉胯，使甲方的腕關節被別住，也可以輕鬆完成動作，得以解脫。

## （二）雙手對單手的化解

　　當甲方用左手擒拿乙方左手，或右手擒拿乙方右手，

太極拳的力學原理

172

乙方完全可以用空出的另一隻手來幫助完成化解的動作。之所以在單手對單手的化解中沒有用到另一隻手，是因為考慮到對方的另一隻手可能有的變招，所以自己必須也留有一手用於應對。而在雙方同出左手或右手時，進攻方的手臂會擋住自己另一隻手的進攻路線，所以在化解時可以不用考慮。

方法一　萬能解法

甲方右手抓住乙方右手，虎口朝上。此時乙方鬆肩墜肘，前臂邊抬起邊回收到肩膀的位置，使甲方右手肘關節完全伸直打開。然後乙方左手扶住甲方右肘關節外側，保持雙手與身體的相對位置不變，向右轉體轉胯，甲方即因為手腕和肘關節處於反關節的位置而不得不放手。（圖 107～圖 109）

圖 107　右手被擒化解一

圖 108　右手被擒化解二

圖 109　右手被擒化解三

第四章　太極推手的力學分析

173

方法二　握手的化解

甲方右手握住乙方的右手不放。此時乙方可以按照方法一來化解。也可以鬆肩墜肘，手往下放，拉直甲方肘關節，然後左手貼住甲右肘關節上抬，配合乙方右手的下放動作，使甲方肘關節、肩關節受制而放手。（圖110）

方法三　握手化解的變化

甲方右手握住乙方的右手不放，當乙方按照方法二化解的時候，甲方自恃力大，用力上抬，使乙方無法完成動作。此時乙方不要往下硬拉，只需要順應甲的上拉之力，鬆肩抬手到胸部的高度，同時左手貼住甲右肘外側略向前推，一邊向右轉體轉胯，甲方即因肘關節被別住而不得不放手。（圖111）

以上是雙手對單手的化解，其中方法一可以說是個萬能的化解方法，可以用於幾乎所有的手腕、上臂、肩膀、衣領等被擒的狀況，只需要根據具體的情況稍微做一點手法上的變化即可。

圖110　握手的化解

圖111　握手化解的變化

對於雙手對雙手的化解就不做講解了，因為在瞭解了上面的化解方法後，雙手被擒的化解就自然會了。

其原則是：當雙手被擒時，只需要先化解其中一隻手就行，對方哪隻手力量大，就化解哪一隻手；自己哪一隻手最不舒服就化解哪一隻手。當一隻手能解脫後，另一隻手多半也自然得以解脫。

### （三）上臂被擒的化解

方法一

上臂被擒通常是對方雙手虎口朝上並抓住自己的雙臂，此時，自己左腳往後退半步，一邊抬起左前臂斜立於胸前保護胸部，一邊微微轉體，同時右手從對方右肘下穿過，扶住對方右肘部。然後，向右轉胯轉體，同時，扶住對方肘部的右手往轉體方向微微用力回收，對方即會因為手臂肘關節受制而放手。（圖112）

當自己上臂受制時，前臂還是有一定的運動空間的，

圖112　上臂被擒化解一

圖113　上臂被擒化解二

所以完成上面的動作是沒有問題的。

方法二　採腕化解

當上臂被擒時，乙方一邊後退一步以拉開空間，一邊手臂從甲方肘外繞過，迅速向下採壓，甲方必然因為手腕被制而被迫放手。（圖113）

### （四）肩部被抓的化解

方法一

如果對方用右手捏住我右肩部，我可以立即用雙手按住對方右手，使其不能逃脫，然後右腿退後一大步，同時低頭彎腰，則對方手腕被我反擒拿。（圖114）

方法二

如果對方沒有捏住我右肩部，只是抓住我右肩部的衣服不放，此時不能用方法一化解。只需退後一步，同時左手扶住對方右肘，右手按住對方手腕，待對方手臂被拉直的時候，一邊退後一邊向右轉體，則對方因為肘關節受制

圖 114　肩部被抓的化解一

圖 115　肩部被抓的化解二

而放手。（圖 115）

　　肩部被抓一般是一側肩部被抓，即便是雙肩被抓，也可以用單肩的化解方法解脫一邊就行了。

## （五）胸部、領口被抓的化解

　　在看完上面幾種化解的方法後，估計讀者也逐漸找到一點反擒拿的規律了。以上化解法都是由反拿對方腕部或肘部來達到目的，那麼下面的化解法也不例外。

　　當對方抓住我胸部衣服或衣領時，我迅速按住對方來手，不讓其跑掉，並且後退一步，使對方的肘關節被拉直，然後彎腰拿其腕關節。或用一隻手控制其肘，向一側轉體，拿其肘關節。此兩種方法皆可，怎麼用著順手就怎麼用。（圖略）

## （六）頭髮被抓的化解

　　頭髮被抓的化解方法不多，所以，最好的方法是不讓

圖116 頭髮被抓的化解

對方抓住。在對方有抓頭髮的意圖，把手伸向我頭部時，我就應該避開或順勢擒拿其手臂。如不慎被抓實，則立刻用雙手牢牢按住其手，一邊後退一邊低頭彎腰。此時最好是用一身備五弓的發勁突然發力，不讓對方有機會掙扎。（圖116）

對方抓頭髮的舉動成功，則說明：

① 對方身材高大，實力對比懸殊。

② 對方藐視自己，有玩弄之意。

③ 自己頭部被控制，陷入任人擺佈的困境。

所以，此時無須心慈手軟，考慮太多，只管用一身備五弓的發勁擊之，這才符合陰陽平衡之道。

## （七）腰部被摟抱的化解

當我方上盤防守較好的時候，對方有可能用抱腰、抱腿的方法攻擊我中路和下盤，因此，掌握腰腿被抱後的化解方法是必要的。

圖 117　腰部被摟抱的化解一　　圖 118　腰部被摟抱的化解二

　　當甲方從乙方胸前肋下伸手抱住乙方後腰時：

　　化解方法一

　　乙方在甲雙手將抱未抱時，立刻以一手臂從肋部下側穿向甲胸前，手臂盡力伸直，上臂抬起，使甲手臂肘關節被別住，然後推其胸部，甲因為肘關節被拿，而鬆手被推出。（圖 117）

　　化解方法二

　　如果乙方已被甲抱住，則不能用化解方法一解脫。此時乙立刻緊握甲上臂前推，同時後腿退步蹬地，將腰、背部向後，以手的前推和腰背向後的合力使甲無法抱緊而脫出。（圖 118）

　　化解方法三

　　如果甲方力大，或已經抱緊乙方且身體已貼近時，則不能用上面兩種方法化解。乙方必須立刻將雙手合攏，雙掌托住甲的下頜，往前推出，甲則因頸部不支而鬆手並後仰跌出。（圖 119）

圖 119　腰部被摟抱的化解三

## （八）腿被抱的化解

甲方趁人不備，突然彎腰抱乙方大腿。

化解方法一

當甲抱乙腿，正在做彎腰抱腿的動作時，乙立刻雙掌順勢下按甲頸、背部（或用肘擊之）。同時快速提膝，用膝蓋撞擊甲的胸部，甲則因為胸部被擊而受重創。（圖120、圖121）

化解方法二

當甲抱乙腿，正在做彎腰抱腿的動作時，乙方順勢用左掌下按甲後頸部，同時右掌托住甲臀部往左掀出，則甲前仆而倒地。（圖122）

化解方法三

如甲方動作很快，乙方大腿已經被甲抱起，則不能用化解二的方法，此時乙立即將被抱之腿鉤入甲襠間，同時一手扒甲下頜側邊，一手扒其頭頂一側，合力使其頭頸扭

圖 120　腿被抱

圖 121　腿被抱的化解一

圖 122　腿被抱的化解二

圖 123　腿被抱的化解三

向一邊，甲因頸部受制而放手。（圖 123）

　　以上的化解方法看起來跟傳統的擒拿法沒有什麼區別，這是因為在某些部位被對方拿住、抓實的情況下，太極拳的化解方法的變化空間就變小了，所以和擒拿法沒有太大的差別。但是，如果堅持踏踏實實地進行推手基本功

的訓練，那麼，在完全理解了太極拳的走化原理後，被對方拿住、抓實的機會就要小得多，就能夠輕鬆自如地走化，這是太極拳化解法比較優越的一個方面。

另外，練習者必須要注意，以上的化解方法必須慎用！練習的時候要遵循「動急則急應，動緩則緩隨」的原則，化解的一方必須跟隨走化，不丟不頂，隨屈就伸；進攻方則不能突然發力，強拉硬拽，以免遭到更強烈的反擊而受傷。這些化法溫柔地使用起來可以反擒拿，但如果配合一身備五弓的發勁，則每種方法都可以成為傷筋斷骨的毒手，若非必要，不可濫用！

# 第五章　常見問題解答

## 為什麼說太極拳是中國拳術發展的最高級階段

憑心而論，太極拳並不是中國最能打的拳種。俗話說：「一年形意打死人，十年太極不出門。」太極拳的技擊能力成型如此之慢，如果僅僅以打人為目的，太極拳確實不是最佳的選擇。另外，就算太極拳的技擊能力成型，其作戰實力與同為內家拳的八卦掌、形意拳也相差無幾，甚至與外家拳高手較技也無法保證能全身而退，這其中還有練拳者個體差異的問題。

既然如此，又有什麼理由說太極拳就是中國拳術發展的最高級階段？我們先看看下面幾個方面的問題：

①中國武術經過長期的自然進化，大約在幾百年前或更早的時間，產生了太極拳，那個時候它的名字還不叫太極拳，叫長拳、綿拳、十三勢或其他的名字。隨後，八卦掌，形意拳也先後產生。它們和太極拳一道被稱為內家拳。之所以單獨把它們拿出來區別於其他的拳種，是因為這三種拳強調整勁的發力方式與眾不同，拳、掌的威力被發展到了極致，這可以視為中國拳術發展中的一次革命性進步。在這之後直到今天，依然沒有任何一個拳種能突破這個界限。

②太極拳產生後，自身仍然在不斷地發展，進化。一

種新的技擊方式因此而產生，那就是太極拳所獨有的發放術。這種發放術可以在不造成人體損傷的情況下把人擊退數公尺之遠。此舉不但可以減低雙方比手時的危險，讓人知難而退，而且雙方都不至於陷入因有人受傷而造成的糾葛當中。最重要的是，此種分勝負的方法為下面另一種創新創造了條件，那就是「太極推手」。

③ 太極推手是太極拳所獨有的一種訓練手段和檢驗太極功夫水準高低的獨特方法。透過推手的訓練，太極拳的練家可以安全地練出絕大部分技擊技能。這使得功夫在傳承過程中對人體的傷害減低，安全係數大幅增加。這可以認為是武術教學中的一次重大革新。實戰越多，功夫就相應地越高，這對於任何技擊術都是適用的。但對於太極拳而言，如果你的技擊需求不那麼高的話，推手是最安全而又最貼近於實戰的一種訓練方式。

從另一個方面來講，任何其他的技擊術要一分高下都必須真槍實彈地來一場格鬥才行，而太極拳就不需要了，特別是同門之間，大家都遵守相同的規則，要一較高下只需要來一場推手就行，推手推不過，必然太極拳的功夫比不過人家，這是毋庸置疑的事情。即便有少數人不服氣，認為要真打自己未必輸。但即便真能贏過對方，那也不是靠太極拳的功夫贏的，是靠其他先天或後天的條件贏的。所以說，推手推不過人，必定技不如人，如果還想在太極拳的功夫上有所長進，就必須反省自身的不足，否則，功夫永遠都沒法子長進了。好了，知道了以上這些，就能明白，太極拳的訓練手段和驗證方法的安全性較之其他拳種高出許多，這使得太極拳更適宜現代人習練。

④ 柔化的技擊思想使太極拳在練習時身體負荷更小，

對身心的健康更為有利。因為對柔化和借力打人的重視，使太極拳對體能的要求相應減少，使太極拳的技擊效率更高。最為重要的一點，這種柔化的技擊思想開創了一種新的技擊方式，使技擊不再僅僅只有快對快，強對強，在遇到大力打來時，不用左擋右架，或搶先出擊。只需柔化，引勁落空即可。這使得以小力打大力，以弱勝強得以實現。這種高明的技擊方式是中國功夫的又一次革命性進步。

綜上所述，太極拳的實戰能力位於最強實戰能力的內家拳之列，太極拳有獨特的推手訓練手段，有安全的驗證方法，有獨特的發放術，有獨特的柔化、引勁落空的技擊方式。這些都使太極拳在保證技擊能力的前提下，更加高效，更加安全，更加健康。請問世界上有哪一種技擊術能做到這些？

我所知道的一些民間高手，以前大多練過各種各樣的功夫，可一旦太極拳入門，幾乎無一例外地都放下原先所練的功夫，一門心思只練太極拳，人也變得越來越謙虛、溫和。在著名的武術家當中，這種例子就更多了，無須我一一列舉。人都是有頭腦會思考的，上述言論是否正確，相信聰明的讀者定會自行思量。

## 剛柔相濟還是大鬆大柔

練太極拳應該剛柔相濟還是大鬆大柔？這個問題一直有不小的爭論。其實，如果我們搞清楚什麼是剛柔相濟，搞清楚什麼是大鬆大柔，自然也就不會再爭論了。

首先來看剛柔相濟。它要求在打拳或推手的時候要有剛有柔，因為一味剛強則與外家拳沒有分別，而一味鬆柔

則有鬆懈退讓無抵抗之意。從這個角度來看，剛柔相濟的說法是正確的。其實剛柔相濟的說法應該出自於《太極拳論》中的陰陽相濟，說的是太極拳的思維方法。即陰陽相互支持相互轉化。如果以柔為陰，以剛為陽，則陰陽相濟的思維方法就自然地變成剛柔相濟的實例了。就比如拳架中有進有退，推手中有丟有頂。剛與柔，進與退，丟與頂等等，這些太極拳中矛盾的概念確實應該同時存在。剛柔相濟的意思也就在於此：拳架中有剛嗎？保持了良好的間架結構沒有？有沒有強硬的發力瞬間？拳架中有柔嗎？是不是放鬆了，能不能走化？對於這些問題的回答就要用剛柔相濟的思維方法來思考。

再來看大鬆大柔。大鬆大柔主要是楊式李雅軒所提倡，並逐漸被其他流派人士所慢慢接受。大鬆大柔是行拳、推手的具體指導方法，要求打拳推手時儘量放鬆柔，一點硬的東西，甚至一點硬的想法都不要有。這是大家對大鬆大柔的理解，但這種理解僅僅包含了大鬆大柔一半的內容。另外一半隱藏的內容是，保持合理的間架結構，做到中正安舒。也就是說，在保持合理間架結構（良好受力結構）的基礎上，做到中正，且儘量放鬆，越柔軟越好。為了保持間架結構必須用力，而必須部分肌肉僵硬則是不可避免的，發勁瞬間的僵硬情況也是正常的。這種硬，正好是柔中有剛、陰中有陽的體現。

看到這裏，我們就會發現，剛柔相濟和大鬆大柔說的都是一個問題的兩個方面，剛柔相濟強調柔軟中的剛，大鬆大柔強調剛之外的柔。就這麼一點點區別。但不要小看這一點點區別，如果把剛柔相濟和大鬆大柔的指導思想用於實踐當中，卻會對學習者造成巨大的差異。

因為剛柔相濟的思想來自於陰陽相濟，而陰陽相濟只能作為思維方法來使用，而不能當成練拳的指導原則，同理，剛柔相濟也不能作為練拳的指導原則。對於練拳的人來說，剛容易做到，柔不容易做到。人本身就剛多柔少，這是人的先天自然之本能，這種本能還會在人的後天日常生活中得以加強。

基於這個道理，在練拳的時候強調鬆柔，就可以去掉更多的剛，使剛、柔的比例逐漸平衡而趨於協調。而如果強調剛猛，則剛更多柔更少，就越發不平衡了。

如果我們把剛柔相濟用來具體地指導練拳，那就用錯地方了，容易造成剛猛有餘，鬆柔不足。同樣，如果把大鬆大柔的練拳要求當做思維方法，只要柔不要剛，那就違背了太極拳的陰陽平衡理論。所以，剛柔相濟和大鬆大柔的應用範疇不同，只要能正確理解，用對地方就沒有問題。

## 什麼是斜中寓正

斜中寓正指的是在行拳走架的時候，身體雖然傾斜，而拳勢內含中正的身形。在吳式太極拳中比較講究這個。但因為傾斜的身體已經和中正安舒的太極拳印象相違背，所以對這一說法還有很多爭論。下面我們就來看一下斜中寓正到底說的是什麼？什麼是斜？什麼又是正？

首先，我們來回顧一下中正。中正是太極拳最重要的規則之一，從身體形態上來講，中正要求人的身體儘量保持正直，這樣，人體的重心垂線就始終落在兩腳圍成的面積中間，有利於保持身體的平衡。人體上身幾乎是一條直線，這條直線與重心垂線重合，這兩條線都垂直於地面，

一般大家認為這種情況就是中正。所以，中正說的意思有兩層，一是身體的正直，二是重心垂線保持在兩腳圍成的面積中間。

再來看斜中寓正。這個「斜」指的是上身形成的直線不再保持同重心垂線相重合，而是與地面成一定的角度。如摟膝拗步中的上身微微地向前傾，斜飛式中的上身向左後方傾斜，手揮琵琶中的上身略微前傾等等。這些招式中，身體雖然是傾斜的，但它們有一個共同的特點，就是身體的重心垂線仍然保持在兩腳圍成的面積當中。所以它們的身形雖然傾斜，但仍然能很好地保持自身的穩定，這就是斜中寓正的含義。

斜中寓正的技擊意義在於建立一個指定方向的支撐架構，在不失穩定的情況下，最大限度地獲得摩擦力和支持力的幫助，以便在指定的方向形成強大的反作用力。正是基於這一點，所以我們看到很多大師級人物的拳照，在定式或發勁的時候，有很多斜身的動作，這不是為了好看，也不是為了標新立異，更不是因為功夫不到家，實在是技擊的需求而已。

斜中寓正沒有必要刻意地去模仿，只要保持身體的重心垂線落在兩腳圍成的面積當中，身形的正與斜是隨著機勢的變化而變化的。有些初學者為了模仿斜中寓正，常常傾斜過度，導致身體重心的垂線極為靠近兩腳圍成的面積的邊線，這就失去了中正的基礎，成了斜中寓斜了，既不美觀，也起不到好的技擊作用。

### 太極拳能不能打

太極拳能不能打？關於這個問題一直都有很大的爭

論。說能打的不少，說不能打的也很多，大家也都能舉出一些實例來證明自己的觀點。不過用實例的方法來說明問題並不是最讓人信服的，因為對方只需要舉出一個反例就可以駁倒。最好的方法是既有實例，又有理論上的依據。理論清楚了，自然就能做出合理的判斷。所以，如果您看了本書前面的部分，相信對這個問題的理論部分會有更多的理解。

記得筆者在接觸傳統功夫十年之後又學了三年的太極拳，那時候我還在不斷地問師父，太極拳到底能不能打這個問題。直到最近幾年，才逐漸理解到太極拳中的一些核心問題，才對太極拳能打有了堅定的信心。

除了用理論來說明問題之外，籠統地來講，如果我們要讓兩人由格鬥來證明太極拳是否能打，就必須嚴格地限定一系列的條件，以消除個體差異所造成的影響。比如，兩人的年齡、身高、體重、體能、神經反應等身體素質必須相差無幾。兩人的訓練時間、訓練強度也必須相差無幾。在格鬥的時候，兩人的身體狀態和心理狀態也必須相差無幾，且格鬥的規則必須對雙方的技術發揮沒有任何限制。在這種條件下，才能相對公正地比較兩種技擊方法的優劣。我認為，在這種條件下，太極拳可以與世界上任何一種技擊術相抗衡，這是最保守的說法。

我們有時候往往忽視了上面所講的這些條件，只是簡單地把某某人的一次比手，或某一次比賽的勝負作為太極拳能打或不能打的依據，這是不太嚴謹合理的。要知道，到目前為止，中國沒有一個靠打比賽為生的職業太極拳選手，人數眾多的太極拳練家裏面，功夫較好的那幾個頂多勉強算得上業餘選手的水準（從他們的訓練內容、訓練時

間、訓練強度來判斷）。而任何一個職業拳手或專業的技擊運動員，不管是泰拳、拳擊、跆拳道、摔跤等等，他們對付一個一般的業餘愛好者都是非常輕鬆自如的事情，更不用說對付一個普通人了。

這與技擊術的優劣無關，僅僅是因為專業、業餘、普通人，這三者之間的差別實在是太大了而已。如果您有某項業餘愛好，並見識過專業選手的實力，相信您會充分地理解這一差別，不管您的愛好是羽毛球、乒乓球、圍棋、象棋，或者電子競技。

## 太極拳是老年人練比較好嗎？青年人練好不好

太極拳因為學習的門檻比較低，只要能走路就能練，且動作舒展緩慢，一般都認為其體力消耗極小，而且是有氧運動，適合於老年人鍛鍊，這一觀點是完全正確的。

還有一點不太被注意的是，練太極拳有助於提高人體的身體控制能力，形成重心穩固的行動習慣，所以老年人透過太極拳的練習，可以減少摔跤的機率，減少腳被扭傷的機率。

其實青年人練太極拳除了有上面所說的功效外，還可以同時練習太極推手，鍛鍊出太極拳的技擊能力。也可以練習太極快拳，在加強體能的同時鍛鍊快速反應能力。如在有時間、有精力的情況下，還可以針對性地做一些功力的鍛鍊，如站樁、抖大杆、滾太極球、打坐、軟硬氣功等等，或者學學太極刀、太極劍、太極槍等器械。

除了快拳的練法，把一套拳架以極慢的速度來打，也是非常吃工夫的。一套拳打上一個小時甚至兩個小時，其運動的強度還是挺可觀的。太極拳不是越慢越容易，相反

越慢要求就越高。

　　練太極拳有助於減緩身體的衰老過程，起到養護身體的作用。很多太極拳練家在年老之後仍然頭腦清醒，行動自如，生活能自理。這無疑是非常好的一件事情。但這需要練拳者長期的積累才行，如果等到年紀大了，身體已經比較差了，再來練拳，其效果就大打折扣了。太極拳雖然有延緩衰老的作用，可還是不能違反自然的規律，還是沒有返老還童的效果。

　　有的太極拳練家甚至說：「練拳就是為了年輕的時候身體健康少生病，到老了行動自如，頭腦清醒，等到最後時辰到了，該走的時候就快點走，不折騰人。」是呀！能做到這樣，也算是太極拳的功德了。

　　總而言之，太極拳的內容是非常豐富的，其中有溫柔的玩法──適合於老年人，也有強硬一些的玩法──適合於青年人，實際上，青年人練習太極拳會比老年人有更大的收益。

## 太極拳爲什麼要慢慢地練

　　慢慢地打拳是太極拳區別於其他門派功夫的主要特點之一。太極拳的慢練是由其技擊性質所決定的。太極拳的發力、用力方式與世界上其他格鬥術完全不同，而且與人天生的本能反應完全相反。

　　為了重新形成正確的動力定型，就必須一遍一遍地重複鍛鍊拳架。在練習拳架的時候，要做到中正安舒，周身鬆整一家，勁起於腳，一身備五弓等等一系列的要求可不是一件容易的事情。練拳速度快了自然無法保證動作的正確合理，即便是非常小的細節沒有達到要求，在推手中也

有可能被對方利用而挨打。所以，慢慢地練習拳架是太極拳最主要的鍛鍊手段，練得太快或僅僅比畫動作，其功效就要大打折扣。

只有在練習者有相當功力的時候，在慢速行拳中能較好地做到拳架中的一系列要求之後，才能逐漸加快行拳的速度，或者進行快拳的練習。

另外，只有在緩慢行拳的時候，身體才能得到充分的放鬆。這種放鬆的狀態要達到一定的時間才能對身體產生比較好的滋養效果。一般練拳的時間要到 20 分鐘以上的時候，才能體會到「腹內鬆淨氣自騰」的感覺，渾身才有那種溫、軟、舒適的輕鬆暢快之感。所以，慢慢地練拳，不但是拳架技擊特性的要求，也是出於養生的需要。既然一舉兩得，何樂而不為？

### 太極拳在行拳時頭頸部幾乎一直保持正直的狀態，爲什麼要這樣

曾經聽一位練太極拳的人說：「太極拳作為一種溫和的運動還是很好的，幾乎全身都運動到了，但遺憾的是頭部動作太少，要能增加一些頭部運動就更好了。」我聽了後不禁啞然失笑，這位先生大概是把太極拳當廣播體操來做了。

在行拳時保持頭頸部正直、鬆柔的狀態是太極拳對頭部和頸部的要求，我們可以從養生和技擊這兩個方面來說明其原因。

就養生方面來說，我們應該明白，「運動」並不是僅僅指身體外在的動作，或身體某一部分在空間的位移。在打太極拳的時候，頭頸部保持放鬆和正直，可以使血液循

環的效果得到改善，生理機能自動地得到調整，身體和大腦得到充分的氧氣補給。這些就是我們運動的目的，而這在頭頸部保持放鬆、正直的時候就可以自然而然的做到。雖然外形上看似不動，但身體內部的調整和運動卻是沒有停止過，這種動是內動外靜。如果改成外在的頭頸俯仰、轉動，則局部肌肉得到了鍛鍊，但其內在的氣血、神經系統的調整效果就沒有這麼好了。

從技擊的方面來講，我們知道，直立的人體是處於一種不穩定平衡的狀態，如果頭部有前俯後仰的動作，則身體的重心會靠近或移出腳底支撐面的邊線，這就使身體平衡不容易保持，且破壞了立身中正的基本原則，並給對手留下可乘之機。

所以，不管是從養生的角度還是技擊的角度來看，保持頭頸部位的正直和放鬆狀態都是十分必要的。

## 為什麼擂臺上看不到太極拳高手

傳統的能打的太極拳一般只在門內傳授，學練的人本來就少，而且大多都是用業餘的時間來學，所以學習的週期很長。像楊露禪三下陳家溝，先後用了十八年的時間，那還是專門的來學習太極拳。因此太極拳的高手大多年紀比較大了，性情比年輕的時候溫和了不少，已經少了許多與人爭鬥的念頭。再加上太極拳練就的是知己知彼的功夫，練到一定的程度後，自己與他人的差距心中早就一清二楚了，根本不需要再去驗證就能知道結果。

一個心性溫和、知己知彼的功夫高手，如果不是因為特殊的目的——名，利或生活所迫，他為什麼還要冒著傷人或傷己的危險跳上擂臺，去展示他的功夫呢？

搏鬥的基礎是體能和體格，在對抗雙方技術差距極大的時候這個基礎可以完全忽視，因為幾秒鐘的格鬥不需要太多的體能。而如果對抗雙方技術差距不太大的時候，體格和體能就成了勝負的關鍵，特別是在擂臺上。年紀較大的業餘太極拳高手的體能顯然不能同現代的職業拳手相提並論。俗話說「拳怕少壯，棍怕老狼」，太極拳的高手也明白這個道理，所以他們深知，要同現代的職業拳手同台較技，體能上不能有太大的差距。而體能的練習是不能偷懶的，體會到太極拳舒適的練習方式的人又有幾個肯回頭去不辭勞苦地練體能？就算有人肯練，可三十五歲的體能再怎麼練能好得過二十五歲的嗎？當一個人四十，四十五，五十五的時候，請問他的體能還能有多強？還能像年輕人一樣去練體能嗎？

太極拳講究回歸自然，陰陽平衡，不應該去做一些違背自然規律的事情。妄想年老的體能勝過年輕的，這不是太極拳的理論，也不是練太極拳者應有的追求。

著名的拳王阿里，曾經雄霸拳壇多年，可是後來得到的是什麼？一代拳王尚且如此，更何況你我凡夫俗子！泰拳兇狠無比，可是練泰拳的人壽命通常都很短，年紀稍微大一點，帶著一身傷病，拳都沒法練了，還能幹什麼？上拳台的人受傷是常見的事情，可是一旦離開拳台，哪怕僅僅是少了幾顆牙，你也會覺得生活是多麼的不方便，更不用說那些可能相伴一生的殘疾或傷痛了。健康的身體，成熟的心智要比那些個虛名重要得多。

太極拳與其他的格鬥術相比，就像是百公尺衝刺的短跑和長跑相比，它們都能跑，短跑可以在最短的時間跑到最快的速度，但因為消耗過大，所以跑不遠。而長跑不要

求達到最快的速度，但要求速度和距離的完美結合，跑得可以慢一點卻要求一直跑下去，要跑得更遠。

人生好比短跑或長跑？相信讀者心中自有定奪。

### 初學太極，學哪一種太極拳比較好

當今社會上流傳較廣的太極拳主要有陳、楊、武、吳、孫這幾種傳統太極拳和國家體育總局編創的各式簡化太極拳，還有一些習練人數不太多的冠名為某某式的太極拳。初學者面對如此眾多的太極拳，要想做出正確的適合自己的選擇還是一件比較難的事情。

天下太極本是一家，而且太極拳的特點是重內不重外。在理解和掌握了太極拳的本質和原理後，外在的招式區別已經沒有太大的意義。從這個方面來說，練任何種類的太極拳都可以，只要拳中有內容，不走空架子。一般說來，有著明確師承的傳統拳架包含正宗太極拳功夫的可能性會比較大（不是絕對的，只是可能性會大一些），根據自己的喜好和條件，選擇陳、楊、武、吳、孫中的任一種都是可以的。

另外，找一個具備懂勁功夫的師父來教是最好的選擇。師父懂勁了，徒弟學的東西自然不會出大問題，如果師父都不懂勁，那學哪一派的拳架都是白搭。

如果讀者能看懂本書的內容，那麼就可以運用書中講的這些原理作為檢驗的尺規，判斷自己所學是否合理，是否正確。太極拳理論和力學原理就像是解題的方程式，不管遇到什麼問題，只需要代入方程式，計算一下就可得出答案。只要這個方程式正確，碰到什麼問題都不用慌張。所以，有了力學原理這個幫手，學習太極拳就要比以前更

容易一些了。

### 練太極拳的時候需要音樂伴奏嗎

經常能看到一些晨練的人一邊聽音樂一邊打太極拳，電視中出現太極拳的鏡頭時也多半都配有伴奏的音樂，給人的印象就是，打太極拳就必須得有音樂伴奏。那麼，練太極拳的時候就一定需要音樂伴奏嗎？

是否需要音樂伴奏，先要知道這些音樂的用途是什麼？如藝術體操、廣播操、太極拳表演，在這些情況下，音樂一方面是為了配合表演，給觀眾以美的享受；另一方面，對表演者來講，主要是作為節拍器使用，以便於控制節奏，能夠按時、整齊地完成動作。

練太極拳的時候，也需要把握一種節奏，不過這種節奏不是外部音樂的節奏，而應該是練拳者身體的節奏。練拳者應該按照太極拳對身型的要求認真練拳，因此不同的鬆柔程度、不同的身體狀態、不同的功夫層次等等都會造成不一樣的動作節奏和練拳時間。所以，每個人都應該有自己的練拳節奏和時間。

知道了以上的道理，問題就自然而然得到解答了。如果不是因為表演的需要，個人練太極拳的時候最好不要有音樂伴奏，以免注意力分散，要靜靜地尋找身體內在的節奏，一切要向內裏求，不在外面。

### 太極拳的優點和缺點

太極拳的優點是既能技擊又能養生，學習門檻低，只要能走路就能練太極拳，不像其他的技擊術，一定要有非常好的身體素質做後盾。練太極拳的整個過程相對而言比

較輕鬆，應該是所有技擊術當中最輕鬆舒適的，太極拳是典型的邊練邊養又能出功夫。因為太極拳的這個特點，但凡太極拳功夫入了門的，都不會再去學練其他的功夫，所謂由簡入奢易，由奢入簡難。

太極拳講究陰陽平衡，這種思維方式可以讓人比較客觀務實地考慮問題，處理日常生活中的矛盾。太極拳雖然是一種技擊術，但太極拳反對用武力欺壓弱小，主張維持一種均衡的態勢。太極拳是一種講道理的拳法，需要仔細思考才能明白一些具體問題。修身養性也是太極拳的重要內容，而不僅限於打鬥的技法。

太極拳唯一的缺點是入門需要高明的老師指引，而且入門所需的時間比較長。同樣練一年的少林拳、形意拳、八卦掌，幾乎可以肯定太極拳的實戰能力是最弱的，因為一年的時間太極拳還未入門呢。如果繼續練下去，等太極拳一旦入門，則功夫日益精進不說，就算有朝一日不練了，功夫也不會有大的退步，這是太極拳所獨有的特點，可謂一勞永逸！

### 陳式太極拳為什麼架勢比較低

在幾種傳統太極拳當中，陳式太極拳是最接近於外家拳的一種，而其他的幾種都是在陳式的基礎上做了簡化改進而來。所以說陳式太極拳可能更看重其技擊方面的功能，對養生方面則要求稍低一些。

陳式太極拳有很多架勢較低的動作，比如一個陳式的單鞭動作，兩大腿幾乎可以與地面平行，與支撐的小腿成90°的直角，這在其他拳架中是不多見的。這樣的低架，必然要求兩腿的距離拉開，因此，兩腳所圍成的面積自然就

增大了許多，使得人體的重心垂線更容易保持在兩腳圍成的範圍之內。另外，兩腳距離拉開，膝蓋彎曲，使人體的高度下降，把人的上身看成細杆，會發現細杆的長度被縮短了，重心的位置降低，更靠近地面，在受到推力的作用時，做定軸轉動會更加困難，而這正是我們所需要的。因此，這樣的低架姿勢更容易保持身體的平衡和穩定。

任何事物有優點就有相應的缺點，低架的缺點在於兩腳的距離越大，動作轉換就越慢越困難。保持低架勢也需要極好的體能做支援，因為體力消耗要相應大得多。還有

**圖124 膝蓋過腳尖**

從膝蓋向下做垂線

受力結構不合理，膝關節受力不均

垂線的落點在腳底支撐面外

**圖125 膝蓋不過腳尖**

從膝蓋向下做垂線

垂線的落點在腳底支撐面內

受力結構合理膝蓋受力均勻

一點，如果練習不得法，膝蓋部位受力負荷過大，有可能造成運動傷害，有的人練拳後膝蓋會疼，就是這個原因。把架勢拉高一點，膝蓋正面的垂線不要超出腳尖之外，就可以避免這個問題。（圖124、圖125）

### 太極拳的神、意、氣

在傳統的太極拳理論中都有神、意、氣這三個方面的內容，一些傳統的太極拳練家在相互交流和教拳的時候也會經常談到這方面的問題。因為都是圈內人，所以交流起來沒有問題，都知道說的是什麼意思。但初學者碰到這些東西就暈頭轉向，往往初學拳的頭幾個月，完全不明白師父說的是什麼東西，好像他講的是外星語言一樣。

其實神、意是一對同義詞，他們可以相互代替使用。神、意的本質是指大腦的意識、意念、精神。有時候說以神意化勁或以神意打人，其真正的含義是指集中心神，聚精會神，全神貫注地按照太極拳的要求完成化勁或發勁的動作；在大腦的指揮下，使身體以最合理、最理想的狀態完成動作。所以，任何時候說到神意，都是為了使身體做出合理的動作而強調的精神調節作用，並不是指離開肉體接觸，不用肢體動作，空用神、意去化勁，去打人。

氣功是中國傳統健身方法之一，正確的練習氣功對於人的生理及心理健康都是有好處的。有些氣功以養生為主要目的，比如五禽戲、靜坐、易筋經等等（註：相傳易筋經是達摩為強壯僧侶的身體而創的一套養生功法，從其練習方法來看，與印度的瑜伽沒有兩樣，可以認為是中國的瑜伽術。易筋經流傳有多套，有瑜伽基礎或太極拳基礎的人可以試著習練，應該很快能上手，且對調養身心確有很

大的好處）。有些氣功是以技擊為目的，比如少林羅漢功、金鐘罩鐵布衫等等，練成後身體有一定的抗擊打能力，手掌能開個磚什麼的。對於氣功，一定要用理智的觀點去看待，它有它的作用範圍和上限，它有它的正規傳承。可以這麼說，但凡是近幾年甚至近幾十年由某某創造的某某氣功，99%都是騙人的假貨。號稱練了之後能如何如何厲害，如何如何出特異功能，出神通，則 100%是假貨。在對待氣功的問題上一定要慎重，雖然有少數氣功對修養身心，強身技擊有著極好的效果，但對於普通人來說，對其保持謹慎和懷疑的態度是必需的。

在太極拳當中，氣這個字與神、意的用法大致相同，還有一點要注意的是，太極拳不是氣功，它們完全是不同的兩件東西。雖然有些人在練太極拳的時候會有所謂的「氣感」，會覺得腹內鬆淨氣自騰，但這種感覺僅僅是一種感覺，因人而異；況且這種感覺並不能成為太極拳功夫高低，或者練得正確與否的標誌。有感覺固然不錯，沒有的話也不必強求。

綜上所述，太極拳中討論的神、意、氣的本意是為了說明意識對身體的調節和統治作用，太極拳認為，透過意識的鍛鍊能起到非常好的養生和技擊作用。因此對意識的鍛鍊和運用就放到了非常重要的地位。神、意、氣屬於中高級階段的內容，只有在拳架工整，基本功紮實，初步懂勁之後才能討論神、意、氣的內容。如果基本的東西都沒有，在粘黏連隨都沒有弄清楚的情況下就去講什麼神、意、氣，那一切都是空談。除了有些心理暗示的效果，根本就沒有實際上的用處。

# 附錄　推薦閱讀書目及其簡介

## 一、《太極拳譜》

（清）王宗岳等著，沈壽點校考譯

　　《太極拳譜》是要推薦的第一本書，它是太極拳古典拳論的一部合集，包括幾乎所有的能找得到的太極拳古典理論文章，其中有些文章曾經被視為各家的秘傳而不對外公佈。對於太極拳的練習者來說，書中最為重要的文章是王宗岳的「太極拳論」，可以認為這是古典拳論中最為經典的文章。

　　「太極拳論」中所論述的內容，必定是練習者需要仔細思考和把握的內容。所以，「太極拳論」可以起到一個總的綱領的作用，為我們指導出太極拳的正確方向。

　　王宗岳的其他幾篇文章可以認為是對「太極拳論」的補充和解說。除王宗岳的文章外，第二個重要的文章是武禹襄所寫的幾篇，如「太極拳解」等等。武禹襄是武式太極拳的創始人，他的這幾篇文章可以認為是對「太極拳論」的詳細解說，對練習者的指導更加詳細、更具體。誇張一點的說，古典拳論的精華幾乎都在王宗岳和武禹襄的數篇文章當中。

　　對於其他的文章，各位讀者可以根據自己的水準和理解程度，有選擇的去閱讀。

## 二、《楊式太極拳法精解》

李雅軒 著　陳龍驤　李敏弟 整理

　　此書也叫《李雅軒楊式太極拳法精解》。作者李雅軒是楊式太極拳傳人楊澄甫的高徒，深得楊式太極拳之真傳，他宣導大鬆大柔的理念，在拳架、推手及器械方面均有很深厚的造詣。書中的太極拳精論部分，是李雅軒先生親筆所寫，是其一生練拳的經驗總結。練習者按其指導的方向練拳，不但能獲得良好的健身效果，拳架和推手也會受益匪淺。

## 三、《太極拳理傳眞》　　張義敬　張宏

　　《太極拳理傳真》是張義敬先生的傑作，此書到現在已經出到第三版，由此可見此書的受歡迎程度。張義敬是李雅軒大師的徒弟，與李雅軒一脈相承，同樣是大鬆大柔的正統楊式太極拳路子。書中討論了很多太極拳拳架及推手的內容，指出了很多太極拳練習者易犯的錯誤，對於鬆柔的理解，以及對於正統太極拳理論的理解都具有很大的幫助。

## 四、《吳式太極拳架與推手》

劉晚蒼　劉石樵

　　劉晚蒼是圈內公認的吳式太極拳高手，其推手功夫十分了得。在 1974 年接待日本武術訪問團時，年近七旬的劉老在被對方擒拿鎖定的情況下，以柔化的方式輕鬆化解，既展現了太極拳的威力，又不至傷人顏面。

《吳式太極拳架與推手》第一版於 1980 年出版，書中系統地論述了拳架和推手的內容，沒有一句虛言，是劉老習拳多年的親身體會，的確是一本不可多得的好書。

## 五、《吳式方架太極拳》　　　孫南馨

孫南馨曾經以學生的身份在北京地壇公園從學於劉晚蒼，後因工作的原因出差上海長達五年之久，其間有幸遇到多位上海太極拳家，特別是楊式太極拳名家田兆麟之高徒陸恒昌，將太極拳的正確鍛鍊方法，推手的運勁、發勁之術傾囊相授，使其太極功夫終於登堂入室。

孫南馨發表了十幾篇太極拳專論，先後出版了《中國武術實戰法》《楊氏太極長拳》和《吳式方架太極拳》這三本傳統武術書籍。書中簡單明瞭地指出太極拳的正確練習方法和運勁發勁之法，是初學者所必須瞭解的內容，也是這本書的獨特之處。但因為理論部分論述得過於簡練，只有結論而沒有過程，所以最好是有老師在旁做進一步的補充和講解。在理解之後照此練習，太極拳功夫必有明顯的長進。

孫南馨的另一部《太極拳推手的理論訓練與實作》因為種種原因沒有公開出版，一直作為門內師兄弟的學習參考教材，其中包括數篇太極拳文章、推手基本功、吳式推手十三法等內容，可以說是一本標準的太極拳推手教程。

## 六、《太極拳推手問答》　　　沈壽

沈壽先生是傅鍾文先生的徒弟，而傅鍾文先生是楊式

太極大師楊澄甫的弟子，是正宗楊式太極拳的傳承。另外，沈壽先生是《太極拳譜》一書的點校考譯者，足見其中文功底之深厚。一文一武，自然使得沈壽先生對太極拳的理解不同一般。在其出版的多本太極拳著作中，《太極拳推手問答》只是其中的一本。全書以通俗易懂的語言解答了太極推手中遇到的眾多問題，對初學者有很大的幫助，對於部分問題用簡單的力學原理來做說明，淡化了太極拳的神秘色彩，使人更容易理解。可惜本人手上只有這一本書，有條件的讀者可以收集所有沈壽先生出版的書籍，相信一定物有所值。

### 七、《楊澄甫式太極拳》

作者　楊振基　口述　嚴翰秀　整理

楊振基是楊式太極大師楊澄甫的次子，由於本人手中沒有這本書，所以書中介紹的內容本人也沒有完整地看過，只是偶然看到書中的一段對「凌空勁」的解釋，其講解極為客觀實際，符合拳理，沒有半點浮誇。所以憑此一點，斗膽向讀者推薦。

### 八、《楊氏太極拳述眞》

汪永泉　講授　魏樹人　齊一　整理

這本《楊氏太極拳述真》指的是 1990 年版的 32 開本的圖書，不是魏樹人所著的 1999 年版 16 開本的那本（名為《楊氏太極拳術述真》，僅一字之差）。不推薦後者的原因是：此版本恰恰刪除了精華的第一章和第三章，而這些內容正好是汪永泉先生對太極拳的理解，是我們由此瞭解汪派楊式太極拳的一面鏡子。

## 九、《太極推手修煉》　　　于志鈞 著

　　于志鈞先生從學於太極拳家吳圖南，且有較深厚的外家拳和形意拳功底。這本書主要講解了競技太極推手的內容，可以說是競技太極推手的教科書。雖然從傳統太極拳的角度來講，競技推手違背了太極拳的一些重要原則，但因為它們之間存在著必然的聯繫，所以，從對競技推手的瞭解入手，然後再去逐漸理解傳統的太極推手，不失為一個由簡入繁的好方法。把這兩者進行對比，就更能理解各自的優缺點，從而加深對太極拳的整體認識。

# 後 記

　　《太極拳的力學原理》終於完稿，我的心情也輕鬆了許多。這本書在我的腦袋裏零零碎碎地想了有兩年左右的時間，從動筆到拍完照片又用了一年的時間，耗時日久，我想可能是自己還不夠聰明與勤勉的緣故。

　　我並不奢望讀者僅僅由看這本書就成為太極拳高手，但我希望這本書能讓大家瞭解真正的太極拳的全貌，並且能夠用理性的思維，運用物理學的理論，更方便、更全面、更深刻地理解太極拳。如果因此有更多的人加入到太極拳的隊伍，使太極拳這一傳統武術瑰寶能為更多的人服務，那我便是別無所求了。書中所講的東西有一些看似簡單，所用字詞也不多，但的確是太極拳中的核心內容，練習者一旦能正確理解且身體能做到的情況下，太極拳功夫必然會有本質上的改變，而且隨著時間的積累，對同樣的問題會有更深層次的理解，這也會造成功夫層次的極大差異。這一點還望讀者細心體會。

　　最後，我要感謝我的師父孫天新，沒有他的無私教導，我可能永遠徘徊於傳統武術之門外，難得一窺究竟。要感謝另一位師父程建武，沒有他的傾囊相授，我不會以如此快捷的速度進入太極拳之門。要感謝我的師兄弟王首偉，甘願挨打地配合我拍攝了書中的照片，並且沒有趁機反打，所以我要謝謝他！要感謝我的家人，父親和母親，

岳父和岳母，感謝他們對我的理解和支持。最後要特別感
謝的是我的妻子陳菲，多年以來對我的寬容、理解和支
持，並且幫助我拍照、作圖、挑錯及出謀畫策。可以這樣
說，沒有她的幫助，很可能就沒有這本書。

　　能夠寫作這樣一本書，能夠為太極拳的傳承盡一點綿
薄之力，是我一生的榮幸！


　　　　　　　　　　　　　　　　蕭　飛

國家圖書館出版品預行編目資料

太極拳的力學原理／蕭飛 編著
－初版－臺北市，大展，2012【民101.02】
面；21 公分－（武學釋典；7）
ISBN 978-957-468-858-6（平裝）
1.太極拳 2.力學
528.972 100025846

# 太極拳的力學原理

著　　者／蕭　　飛
責任編輯／朱　曉　峰
發 行 人／蔡　森　明
出 版 者／大展出版社有限公司
社　　址／台北市北投區（石牌）致遠一路 2 段 12 巷 1 號
電　　話／(02) 28236031・28236033・28233123
傳　　真／(02) 28272069
郵政劃撥／01669551
網　　址／www.dah-jaan.com.tw
E-mail／service@dah-jaan.com.tw
登 記 證／局版臺業字第 2171 號
承 印 者／傳興印刷有限公司
裝　　訂／丞安裝訂有限公司
排 版 者／弘益電腦排版有限公司
授 權 者／北京人民體育出版社
初版1刷／2012 年（民 101 年）2 月
初版2刷／2015 年（民 104 年）2 月　　　　　定價／200 元

大展好書　好書大展
品嘗好書　冠群可期

大展好書　好書大展
品嘗好書　冠群可期